Die erfolgreiche Gehaltsverhandlung

Christian Püttjer und *Uwe Schnierda* arbeiten seit 1992 als Trainer und Berater in den Bereichen Karriere, Bewerbung und Rhetorik. Ihre Erfahrungen aus Seminaren und Einzelberatungen haben sie, angereichert durch viele Tipps und Übungen, in zahlreichen Ratgebern veröffentlicht. Bei Campus erscheinen von Püttjer und Schnierda unter anderem *Überzeugen mit Anschreiben und Lebenslauf, Souverän im Vorstellungsgespräch, Erfolgsfaktor Körpersprache* und *Optimal präsentieren.*

Christian Püttjer & Uwe Schnierda

Die erfolgreiche Gehaltsverhandlung

Strategien für mehr Geld

Illustrationen von Hillar Mets

Campus Verlag
Frankfurt/New York

Die Deutsche Bibliothek – CIP-Einheitsaufnahme

Ein Titeldatensatz für diese Publikation ist bei Der Deutschen Bibliothek erhältlich
ISBN 3-593-36696-7

Copyright © 2002 Campus Verlag GmbH, Frankfurt/Main
Umschlaggestaltung: Frank Koschembar/Gute Kommunikation, Frankfurt/Main
Umschlagmotiv: Holger Blatterspiel, Frankfurt/Main
Illustrationen: Hillar Mets, Tallinn
Fotos: Axel Nickolaus, Kiel
Satz: Publikations Atelier, Frankfurt/Main
Druck und Bindung: Druckhaus Beltz, Hemsbach
Gedruckt auf säurefreiem und chlorfrei gebleichtem Papier.
Printed in Germany

Besuchen Sie uns im Internet: www.campus.de

Inhalt

Einleitung

Pokern oder Passen? Agieren oder reagieren? Fordern oder verzichten? Diese Fragen stellen sich Berufstätige immer wieder, wenn es um ihre Gehaltsentwicklung geht. Automatische Gehaltserhöhungen gleichen meist nur die Inflation aus. Wer mehr Geld auf dem Konto haben will, darf sich nicht zurücklehnen und einfach abwarten.

Unternehmen erwarten von ihren Mitarbeitern in zunehmenden Maße, dass diese selbst die Gehaltsfrage ansprechen. Das liegt nicht zuletzt daran, dass einzelne Arbeitsbereiche immer individueller ausgestaltet werden: Gleiche Berufsbezeichnungen sind kein Garant dafür, dass Mitarbeiter in unterschiedlichen Unternehmen mit den gleichen Aufgaben konfrontiert werden. Wer größere Verantwortungs- und Gestaltungsspielräume hat, kann auch erwarten, besser entlohnt zu werden. Ohne persönlichen Einsatz wird es aber kaum zu einer Gehaltssteigerung kommen.

Ihr persönlicher Einsatz ist gefragt

Ob interner Aufsteiger, Stellenwechsler oder unterbezahlter Mitarbeiter: Sie alle müssen Eigeninitiative ergreifen und ihre Gehaltswünsche an Vorgesetzte und Personalverantwortliche herantragen. Wer zu lange zögert, verspielt seine Chancen auf ein besseres Gehalt.

Ihr Gehalt ist Verhandlungssache

Der Wunsch nach mehr Gehalt fordert harte Verhandlungen mit den Arbeitgebern. Auf eine zarte Bitte hin wird da kaum etwas passieren. Vorgesetzte und Personalverantwortliche wollen nicht nur gebeten, sondern auch überzeugt werden, denn sie müssen den Gehaltswunsch gegenüber der Chefetage vertreten können. Dieses Risiko werden sie nur eingehen, wenn sie restlos überzeugt sind.

Gehen Sie davon aus, dass die Tarifauseinandersetzung in eigener Sache kein Spaziergang wird. Ihr Verhandlungsgeschick ist gefragt: Machen Sie Ihre erfolgreiche Arbeit deutlich, treten Sie souverän auf, entkräften Sie Einwände, lassen Sie sich nicht von aggressiven Argumenten und einschüchternden Phrasen verunsichern, beeindrucken Sie mit ausgefeilter Argumentationstechnik.

Für besondere Leistungen ein überdurchschnittliches Gehalt

Wir wissen aus unserer Beratungspraxis, dass sich Gehaltsverhandlungen hart in der Sache, aber freundlich im Umgang miteinander führen lassen. Geben Sie Vorgesetzten und Personalverantwortlichen das Gefühl, dass Sie mit ihnen an einem Strang ziehen. Stellen Sie klar, welchen Gewinn Ihre Arbeit für das Unternehmen bedeutet. Für außerordentliche Leistungen am Arbeitsplatz sind Arbeitgeber generell bereit, ein überdurchschnittliches Gehalt als Gegenleistung zu zahlen.

Üben Sie die Techniken der erfolgreichen Gehaltsverhandlung

Unvorbereitete Mitarbeiter und Stellenwechsler gehen ein hohes Risiko ein, wenn sie Gehaltsverhandlungen unterschätzen. Bestimmte Fehler treten immer wieder auf und führen zu finanziellen Einbußen oder zu Spannungen am Arbeitsplatz. Lassen Sie sich von uns für Ihre Gehaltsverhandlung coachen. Lernen Sie aus den Fehlern anderer, durchschauen Sie die Spielregeln von Gehaltsverhandlungen und eignen Sie sich die Techniken der erfolgreichen Verhandlungsführung in Gehaltsgesprächen an. Werden Sie mit uns zum Verhandlungsprofi in Sachen Gehalt.

Die Übersicht 1 zeigt Ihnen, was Sie in diesem Ratgeber erwartet. Viele Beispiele, Übungen und Gesprächsschemata helfen Ihnen dabei, das neue Wissen in die Praxis umzusetzen. Lassen Sie sich im Gehaltspoker nicht bluffen, spielen Sie Ihre Trümpfe gelassen aus und streichen Sie Ihren Gewinn ein.

Schritt für Schritt zum Gehaltssprung

Erfolgsbilanz erstellen

▼

Erfolge vermitteln

▼

Gehaltselemente definieren

▼

finanzielle Ausgangsposition analysieren

▼

Gehaltsziele festlegen

▼

aggressive Argumente und einschüchternde Phrasen
entkräften

▼

Gehalts- und Beurteilungsgespräche führen

▼

Gehaltswünsche in Vorstellungsgesprächen verhandeln

▼

Körpersprache nutzen: souverän auftreten

▼

zukünftige Gehaltsentwicklung vorantreiben

Übersicht 1

1

Geld – ein heikles Thema

Gehaltsverhandlungen fallen den wenigsten Berufstätigen leicht. Das eigene Einkommen ist schon im privaten Umgang ein gemiedenes Gesprächsthema, umso schwieriger ist es, dieses Thema im Beruf anzusprechen. Um ein höheres Gehalt zu feilschen kann eine heikle Angelegenheit sein und wird häufig als genauso unangenehm empfunden wie Kritikgespräche. Aber es führt heutzutage keinen Weg daran vorbei, sich mit Verhandlungsgeschick und Einfühlungsvermögen um eine Verbesserung des Gehalts zu kümmern.

Für viele Menschen ist das Thema Geld tabu. Im deutschsprachigen Kulturkreis redet man nicht gerne darüber, was man eigentlich verdient. Zu groß ist die Gefahr, mit einem überdurchschnittlichen Gehalt Neid zu provozieren oder bei einem unterdurchschnittlichen Einkommen an Ansehen zu verlieren. **Aktive Strategien für Ihre Gehaltsverhandlung** Es ist daher nicht leicht, das eigene Einkommen in Relation zu den Gehältern der Kollegen zu setzen.

Die Mehrzahl der Berufstätigen fühlt sich bei Gehaltsverhandlungen sehr unsicher. Über eine aktive Strategie verfügen nur die wenigsten. Gehälter werden nun einmal nicht von einer übergeordneten Instanz zentral festgelegt, sondern sind Verhandlungssache und gehören zu einer bewussten Karriereplanung. Auch wer nicht unbedingt aufsteigen will, sollte an einer angemessenen Entlohnung für seine beruflichen Leistungen interessiert sein. Geld allein macht zwar nicht glücklich, ist aber eine gute Basis, um sich private Wünsche erfüllen zu können.

Gehaltsverhandlungen bedürfen einer sorgfältigen Planung und Vorbereitung, wenn sie erfolgreich sein sollen. Leider sieht es in der Realität oft so aus, dass diese Gespräche rein emotional geführt oder nur dann in Angriff genommen werden, wenn sie sich nicht mehr umgehen lassen. In diesen Fällen ist oftmals eine allgemeine Unzufriedenheit ausschlaggebend: das Gefühl, ungerecht behandelt zu werden, überfordert zu sein oder nicht ausreichend unterstützt zu werden. Mit querschießenden Emotionen wird aber nicht nur der Erfolg der Gehaltsverhandlung leichtfertig aufs Spiel gesetzt. Auch die Beziehung zum Vorgesetzten kann so empfindlich gestört werden, dass eine weitere produktive Zusammenarbeit unmöglich wird. Machen Sie sich klar: Das Thema Geld darf die Kooperation am Arbeitsplatz nicht gefährden.

Planen Sie Ihr Gehaltsgespräch sorgfältig

Über das Gehalt spricht man nicht

Bei Auskünften über das Gehalt ist Zurückhaltung die Regel. Es ist sehr mühsam, an Informationen über die außertariflichen Gehälter zu kommen. Auch in der Freizeit wird nur selten über dieses Thema gesprochen. Höchstens im engsten Freundes- oder Bekanntenkreis lässt sich vielleicht die eine oder andere Information entlocken. Die in Zeitungen, Zeitschriften oder im Internet regelmäßig veröffentlichten Gehaltstabellen erfreuen sich daher großer Beliebtheit, um den eigenen Verdienst einzuordnen.

Ziehen Sie Vergleichbares heran

Viele Berufstätige, die im Großen und Ganzen mit ihrer Arbeit und ihrem Gehalt zufrieden sind, werden unruhig, sobald die neuesten Gehaltstabellen kursieren. Da dort im Allgemeinen Gehaltsspannen angegeben werden, lassen sich für die eigene Position eigentlich immer Jahresgehälter finden, die deutlich über dem eigenen liegen. Sofort setzt dann das Grübeln ein: »Bin ich nicht doch unterbezahlt? Verdienen meine Kollegen etwa besser als ich? Könnte ich nicht auch mehr verdienen? Würden mir andere Firmen für die gleiche Tätigkeit mehr bezahlen?«

Niemand möchte sich unter Wert verkaufen. Deshalb ist es durchaus richtig, die eigene Gehaltsentwicklung und den üblichen Gehaltsrahmen im Auge zu behalten. Differenzierungen sind allerdings notwendig: In bestimmten Regionen werden **Zuschläge** beispielsweise höhere Gehälter gezahlt als in anderen. Auch die **durch** Firmengröße spielt eine Rolle, ebenso die konjunkturelle Lage **geschickte** und die Verfügbarkeit geeigneter Mitarbeiter.

Verhand- Wie vieles im Leben ist jedoch auch das Gehalt Verhand- **lungen** lungssache. So, wie man beim Einkauf Rabatte aushandeln kann, so lassen sich mit Verhandlungsgeschick auch Zuschläge zum eigenen Gehalt sichern. Wer sich seiner eigenen Leistungen bewusst ist und seinen Marktwert kennt, kann beim Gehaltspoker mehr gewinnen als derjenige, der stets nur das nimmt, was ihm angeboten wird.

Beim Neuwagenkauf ist es längst Usus, nicht den Listenpreis zu akzeptieren. Wer ein Auto kaufen will, sichtet die Kon- **Mit Infor-** kurrenzangebote und informiert sich vorher umfassend über **mationen** mögliche Extras. Bei den Kaufverhandlungen sind eigentlich **zum Erfolg** immer erhebliche Preisabschläge zu realisieren. Bei Gehaltsverhandlungen dagegen wird viel zu oft noch Geld verschenkt. Gehaltsgespräche werden ungenügend vorbereitet und die optimale Verhandlungstaktik ist unbekannt.

Wie geschickt Sie sich verhalten, können Sie von Ihren künftigen Kontoauszügen ablesen. In diesem Ratgeber zeigen wir Ihnen, wie Sie Gehaltsverhandlungen richtig vorbereiten, Ihre Interessen durchsetzen und Gehaltsgespräche in Ihre Karrierestrategie integrieren.

Geld oder Glück?

Im Beruf geht es natürlich nicht nur ums Geld. Viele unserer Beratungskunden sind bei einem durchaus angemessenen Gehalt unzufrieden mit ihrer momentanen Tätigkeit. Sie sind auf der Suche nach einer neuen Stelle, weil sie nicht ausgelastet sind, schlecht behandelt werden oder sich nicht entsprechend ihren Vorstellungen eingesetzt fühlen. Üblicherweise möchten diese Kunden nicht nur die Stelle wechseln, sondern bei dieser Gelegenheit auch ihr Gehalt erhöhen. Im Vordergrund stehen aber neue berufliche Aufgaben, größere Gestaltungsspielräume oder mehr Personalverantwortung.

Das Gehalt ist ein Feedback für Ihre Leistungen

Andere Beratungskunden betreiben ihre aktive Karriereentwicklung sowohl unter inhaltlichen als auch unter finanziellen Aspekten. Für sie definiert das Gehalt auch ihren beruflichen Status. Die Höhe des Gehaltes wird als direktes Erfolgsfeedback des Arbeitgebers verstanden: je mehr Geld, desto bessere Bedingungen für ein erfolgreiches Arbeiten.

Gehaltsfragen sind also immer auch mit den eigenen Wünschen und der individuellen Karriereplanung verbunden. In unserer Beratungspraxis zeigt sich regelmäßig, dass die oft für einen Stellenwechsel genannte Motivation »Ich möchte mehr Geld verdienen« nicht für sich alleine steht, sondern in engem Zusammenhang mit weiteren Beweggründen. Um das Geld allein geht es den wenigsten. Eine finanzielle Verbesserung ist nur in seltenen Fällen der Anreiz, die eigene berufliche Entwicklung voranzutreiben.

Werden Ihre beruflichen Leistungen angemessen gewürdigt?

Die vordergründige Frage »Verdiene ich genug?« entpuppt sich bei genauem Hinsehen oft als Zweifel: »Werden meine Arbeitsleistungen genügend gewürdigt?« Eine unangemessene Würdigung der beruflichen Leistung durch den Arbeitgeber kann durchaus negative Auswirkungen auf das Selbstwertgefühl haben. Vielleicht liegt hier der Grund, warum sich so viele Arbeitnehmer Gedanken darüber machen, ob andere in glei-

Mitarbeitermotivation in der Praxis?

Ein adäquates Gehalt motiviert cher Position womöglich mehr verdienen. Eine schlechtere Entlohnung wird dann mit der Herabsetzung der eigenen Person gleichgesetzt.

Das Gefühl, benachteiligt zu werden, kann sich negativ auf die Leistungsbereitschaft auswirken. So entsteht ein Teufelskreis: Es wird nur noch »Dienst nach Vorschrift« gemacht, weil die Bezahlung nur durchschnittlich erscheint. Wenn aber nur noch durchschnittliche Arbeitsleistungen erbracht werden, sehen Vorgesetzte keinen Grund mehr, sich für eine Gehaltserhöhung einzusetzen. Dann bleiben sowohl Ihre eigene Zufriedenheit als auch eine bessere Bezahlung auf der Strecke.

Aber so weit sollte man es gar nicht erst kommen lassen. Wir sind der Ansicht, dass ein adäquates Einkommen zur beruflichen Zufriedenheit beiträgt. Allerdings wissen wir auch, dass Arbeitnehmer von sich aus aktiv werden müssen, um ihre Gehaltswünsche zu vermitteln. Genauso wie erwartet wird, dass sich Mitarbeiter um geeignete Weiterbildungsmaßnahmen, Projektverantwortung und den Ausbau ihrer Soft Skills kümmern, so wird auch vorausgesetzt, dass sie sich um ihre Gehaltsentwicklung bemühen.

Ihre Vorarbeit ist also gefragt. Sie werden Ihre Gehaltsvorstellungen Ihrem jetzigen oder zukünftigen Arbeitgeber nur dann plausibel machen können, wenn Sie Argumente parat haben, die bei der anderen Seite auf offene Ohren stoßen.

Jeder ist seines Glückes Schmied

Dabei muss Ihnen bewusst sein, über welches Qualifikationsprofil Sie verfügen, welche Aufgaben Sie bewältigen und welche Erfolge Sie vorzuweisen haben. Wichtig ist, aus der Sicht des Unternehmens argumentieren zu können. Machen Sie den Nutzen Ihrer Leistung für das Unternehmen deutlich. Stellen Sie heraus, was Sie zur Unternehmensentwicklung beigetragen haben.

Die besten Argumente nützen aber nichts, wenn sie zum falschen Zeitpunkt dem falschen Gesprächspartner gegenüber vorgetragen werden. Bei Ihrer Vorbereitung auf Gehaltsverhandlungen kommt es sowohl auf die Qualität Ihrer »Leistungsdaten« als auch auf die richtige Verhandlungsführung an.

Gute Argumente zum richtigen Zeitpunkt

Wir erläutern Ihnen, wie Sie für Gehaltsverhandlungen Argumente finden und diese im Gespräch richtig anbringen. Damit das doppelte Ziel »Geld und Glück« erreicht werden kann, ist ein aktives Selbstmarketing heute wichtiger denn je. Nicht nur beim Stellenwechsel gilt es, hinter seinen Interessen zu stehen und mit der richtigen Verhandlungstaktik zu überzeugen. Auch bei der Entwicklung innerhalb eines Unternehmens müssen sich Mitarbeiter zum Geschäftsmann beziehungsweise zur Geschäftsfrau in eigener Sache machen, um die eigenen Leistungen bestmöglich zu vermarkten.

Bleiben Sie sympathisch im Gehaltsgespräch

Man muss bei Gehaltsgesprächen unbedingt das Ziel im Auge behalten. Dies klingt einfacher, als es ist. Gehaltsverhandlungen können eine Eigendynamik gewinnen, die von den finanziellen Aspekten wegführt. Arbeitnehmer erliegen oft der Versuchung, sich über Fehlentwicklungen am Arbeitsplatz zu beklagen, die private Situation auszubreiten oder dem Neid auf vermeintlich besser entlohnte Kollegen freien Lauf zu lassen. Im Gegenzug werden die Gesprächspartner auf der Firmenseite dann zu Wächtern der Firmenschatzkammer und versuchen, jeden unbefugten Zugriff zu verhindern.

Drängen Sie das Unternehmen nicht in eine Abwehrschlacht

Auf diese Weise rückt ein Konsens in weite Ferne. Am Gesprächsende entsteht eine doppelte Verlierersituation: Die Firmenseite wird an der Bereitschaft des Mitarbeiters zweifeln, sich auch zukünftig voll für die Unternehmensinteressen einzusetzen. Der enttäuschte Mitarbeiter fühlt sich mit seinen Wünschen nicht ernst genommen und reduziert sein berufliches Engagement oder stellt es einem anderen Unternehmen zur Verfügung.

Beratung

Aus unserer Beratungspraxis

Die Pistole auf die Brust gesetzt

Ein Projektleiter wandte sich an uns, um über seine weiteren beruflichen Entwicklungsmöglichkeiten zu sprechen. Wir wunderten uns über sein mangelndes Engagement hinsichtlich der von ihm postulierten Bewerbungsaktivitäten. An Stellenausschreibungen im Internet und in Printmedien fielen ihm vorrangig negative Aspekte auf. Der Kunde schien nur halbherzig bei der Sache zu sein, er betonte immer wieder, dass es seiner Ansicht nach in einer neuen Firma eher schlechter für ihn aussehen würde.

Nach unserem Vorschlag, doch einmal ein Entwicklungsgespräch mit der Personalabteilung seines jetzigen Arbeitgebers zu führen, druckste er herum. Schließlich stellte sich heraus, dass er vor kurzem eine Gehaltsverhandlung mit der Geschäftsleitung geführt hatte, die gründlich danebengegangen war.

Der Projektleiter hatte davon gehört, dass ein Berufseinsteiger ein sehr viel höheres Anfangsgehalt bekommen hatte als er selbst vor drei Jahren. Die Differenz zwischen dem Gehalt des neuen Kollegen und seinem eigenen war seiner Ansicht nach zu gering, um den Qualifikationsunterschied widerzuspiegeln.

In seiner beruflichen Ehre gekränkt, hatte er das Gespräch mit seinem Fachvorgesetzten gesucht. Dieser hatte ihn kurzerhand abgefertigt und nur darauf hingewiesen, dass es sich hier um eine Entscheidung der Geschäftsleitung gehandelt habe, da qualifizierter Nachwuchs nicht mehr so einfach wie vor drei Jahren zu akquirieren sei. Daraufhin hatte sich der Projektleiter auf den Weg zur Geschäftsleitung begeben, um seinen Unmut zu äußern. In einer aufgeheizten Gesprächsatmosphäre hatte es dann einen heftigen Wortwechsel gegeben. Der Projektleiter bestand auf mindestens 500 Euro mehr Monatsgehalt und ließ sich schließlich zu dem Satz hinreißen: »Wenn ich nicht mehr Geld bekomme, dann muss ich mir eben etwas anderes suchen!« Der Geschäftsführer beendete das Gespräch mit der Bemerkung, dass er ihm diese Entscheidung nicht abnehmen könne.

Von da an hatte unser Beratungskunde das Gefühl, dass er nicht mehr so gut in laufende Projekte eingebunden wurde, dass Entscheidungen an ihm vorbei getroffen wurden und er hauptsächlich mit Routineaufgaben beschäftigt wurde. Die Fronten waren verhärtet, als Ausweg aus dem Dilemma sah der Projektleiter nur einen Unternehmenswechsel.

Fazit: Gehaltsverhandlungen als Erpressungsversuch zu gestalten schlägt Arbeitnehmern Türen zu, die ihnen sonst offen gestanden hätten. Der bloße Verweis auf das Gehalt anderer ist die denkbar schlechteste Argumentationsbasis für die eigene Gehaltserhöhung. Statt persönliche Leistungen hervorzuheben wird so nur der Neid auf Kollegen deutlich. Um Verhandlungen erfolgreich zu führen, müssen Sie Ihre eigenen Qualifikationen überzeugend darstellen können.

Sobald bei den Parteien einer Gehaltsverhandlung der Eindruck entsteht, dass mit verdeckten Karten gespielt wird, kommt es mit Sicherheit zu persönlichen Spannungen. Der daraus entstehende Sympathieverlust wird nur schwer wieder wettzumachen sein.

Eine unflexibel geführte Gehaltsverhandlung ist generell problematisch. Je nach Persönlichkeit werden dann entweder **Seien Sie** unnötige Fronten aufgebaut oder zu schnell der Rückzug angetreten. Nicht nur diejenigen, die allzu forsch auftreten und ihre **souverän** Interessen unbedingt durchboxen wollen, können Probleme bekommen. Das gilt in gleichem Maße für die Unsicheren, die ihre eigenen Leistungen nicht einschätzen können und zu passiv in Gehaltsverhandlungen gehen. Schnell lassen sich diese Mitarbeiter vertrösten, mit dem Verweis auf Sachzwänge befrieden oder einschüchtern.

Eine gelungene Strategie für das Gehaltspoker sollte immer flexible Elemente enthalten und für beide Seiten die Möglichkeit bieten, das Gespräch ohne Gesichtsverlust zu beenden. Drohungen oder Erpressungsversuche von Mitarbeitern nehmen der Firmenseite den Spielraum zur gütlichen Einigung. Ein vorschneller Rückzug aus der Gehaltsverhandlung schwächt dagegen die eigene Position im Unternehmen.

Denken Sie an die weitere Zusammenarbeit

Nach einem Gehaltsgespräch wird zum beruflichen Alltag übergegangen. Schaffen Sie von sich aus die Voraussetzungen dafür, dass eine reibungslose Zusammenarbeit weiterhin möglich ist. Verscherzen Sie sich nicht mutwillig die Sympathie Ihrer Vorgesetzten. Bedenken Sie immer, dass Ihr Gehaltssprung keine Eintagsfliege ist. Behalten Sie Ihre weitere berufliche Entwicklung bei Gehaltsverhandlungen im Blick. Wenn Sie Ihr Ziel beim ersten Anlauf nicht erreicht haben, ist es besser, auf mittelfristige Entwicklungen zu setzen, als die momentane berufliche Basis unnötig zu beschädigen.

Auf einen Blick

Geld – ein heikles Thema

Im Blick

- Das Gehalt ist Verhandlungssache.
- Gehaltsfragen sind eng mit der eigenen Karriereentwicklung verknüpft.
- Um ein möglichst hohes Gehalt zu erzielen, ist ein aktives Selbstmarketing notwendig.
- Eine gute Vorbereitung und die richtige Strategie für Gehaltsverhandlungen sind absolut erforderlich. Riskieren Sie keinen Sympathieverlust.
- Gehaltsverhandlungen verlangen ein flexibles Vorgehen. Achten Sie darauf, keine Türen zuzuschlagen, die Ihnen sonst offen gestanden hätten.
- Führen Sie Gehaltsverhandlungen nicht aus dem Bauch he-

raus, und gehen Sie nicht zu forsch vor. Wer seinem Vorgesetzten die Pistole auf die Brust setzt, zerstört das Arbeitsklima.

- Warten Sie nicht darauf, dass man Gehaltserhöhungen auf dem silbernen Tablett an Sie heranträgt. Für eine bessere Entlohnung Ihrer Leistung tragen Sie eine Mitverantwortung.

2

Was haben Sie zu bieten? – Ihre Trümpfe im Gehaltspoker

Gehen Sie nicht unvorbereitet in Gehaltsgespräche. Sammeln Sie zuerst Argumente für Ihre Gehaltsforderungen. Verschaffen Sie sich einen Überblick über Ihre besonderen Leistungen und Ihr überdurchschnittliches Engagement: Erstellen Sie eine Erfolgsbilanz. Mitarbeiter und Unternehmen haben oft unterschiedliche Vorstellungen von erfolgreicher Arbeit. Lernen Sie, aus der Sicht des Unternehmens zu argumentieren.

Ohne das nötige Argumentationsmaterial geraten Sie in Gehaltsverhandlungen schnell ins Schleudern. Wenn Sie keine konkreten Gründe nennen können, die eine Erhöhung des Gehaltes rechtfertigen, sind Sie völlig vom Wohlwollen Ihres Verhandlungspartners abhängig. Bereiten Sie sich gründlich vor, damit Sie Einwände entkräften, konkrete Belege für Ihre Leistung liefern und mit unwiderlegbaren Tatsachen auftrumpfen können.

Konkrete Gründe für eine Gehaltserhöhung

Erfolg aus Sicht des Unternehmens

Die Argumente, die Sie in Gehaltsverhandlungen vorbringen, müssen für das Unternehmen stichhaltig sein. Es ist nicht damit zu rechnen, dass die Firmenseite Sie bereitwillig besser bezahlen wird. Sie müssen überzeugend und nachvollziehbar argumentieren. Nicht immer ist das, was ein Mitarbeiter als erfolgreiche Arbeit einschätzt, auch aus der Unternehmenssicht ein Gewinn. Die Kunst in Gehaltsgesprächen besteht darin, persönliche Erfolge so zu präsentieren, dass sich eine Deckungsgleichheit mit den Unternehmenszielen ergibt.

Aus unserer Beratungspraxis
Falsch vermittelte Leistung

Zur Vorbereitung einer Gehaltsverhandlung suchte uns eine Assistentin der Geschäftsleitung auf. Die letzten 18 Monate litt sie unter besonders hoher Arbeitsbelastung, da Auftragsüberhänge abgebaut werden mussten. Wegen Qualitätsproblemen gab es sehr viele Überstunden für sie. Die bessere Abstimmung zwischen den Abteilungen war zwar letztendlich erfolgreich gewesen, hatte aber viel Schweiß, Nerven und Zeit gekostet. Auf eine Anerkennung vonseiten der Geschäftsleitung hatte die Assistentin bisher vergeblich gewartet. Jetzt war sie fest entschlossen, sich ihr Schmerzensgeld selbst zu erkämpfen.

Da wir davon ausgehen konnten, dass die Geschäftsleitung nicht von sich aus eine Gehaltserhöhung anbieten würde, konfrontierten wir unsere Beratungskundin in einem Rollenspiel mit einem »hartherzigen Chef« und baten sie, ihn zu überzeugen.

Die Assistentin war der Meinung, dass ihr hoher Einsatz in der letzten Zeit ja wohl zu honorieren sei und verhielt sich dementsprechend im Gespräch. Als Begründung für die von ihr gewünschte Gehaltssteigerung gab sie an: »Über ein Jahr habe ich jetzt für die Firma meine Freizeit geopfert und ohne finanziellen Ausgleich viele Überstunden abgeleistet. Die bessere Abstimmung zwischen den Abteilungen war sehr aufreibend, ich musste viele Vorbehalte ausräumen und immer wieder regelnd eingreifen.«

Über die Antwort ihres »Chefs« war sie völlig verblüfft: »Wir alle mussten in dieser Zeit auf vieles verzichten, da sind Sie nicht allein. Ein gewisses Maß an Überstunden gehört zu Ihrer Tätigkeit dazu. Dass die Vertreter der einzelnen Abteilungen sich nicht immer grün sind, war Ihnen doch sicherlich schon vorher klar. Als Assistentin der Geschäftsleitung ist eine Ihrer Kernaufgaben, für eine bessere Abstimmung zwischen den Abteilungen zu sorgen. Sie haben Ihre Arbeit gut gemacht. Ich freue mich darüber, dass ich eine Mitarbeiterin wie Sie habe. Die harten Zeiten sind ja nun vorbei, wir können nun alle durchatmen.«

Fassungslos sah uns die Kundin an und langsam stieg in ihr die Wut auf, dass sie sich so leicht hatte abbügeln lassen. Wir machten ihr klar, dass die Darstellung ihrer Argumente für eine Gehaltserhöhung aus Sicht des Unternehmens nicht plausibel war. Sie hatte weniger ihre besonderen Leistungen hervorgehoben, sondern eher den üblichen Arbeitsalltag dargestellt. Auf mehr Verständnis vonseiten der Geschäftsleitung konnte sie nur hoffen, wenn sie es schaffen würde, den Nutzen ihrer ganz speziellen Arbeit für das Unternehmen aufzuzeigen und deutlich zu machen, dass auch in Zukunft ihr Beschäftigungsverhältnis ein überdurchschnittlicher Gewinn für die Firma sein würde.

Nachdem wir die neue Gesprächsstrategie mit der Kundin festgeklopft hatten, konnte sie besser aus der Sicht des Unternehmens argumentieren: »Zur Bewältigung der Auftragsspitzen habe ich eine abteilungsübergreifende Projektgruppe gebildet. So konnten alle Maßnahmen zur Qualitätssicherung gebündelt werden. Die Ausschussquote sank um 20 Prozent. Ich konnte zusammen mit den Vertretern der Abteilungen Stillstände und Leerlaufzeiten in der Produktion vermeiden. Da die Abteilungsvertreter besonderes Vertrauen zu mir aufgebaut haben, würde ich diese Projektgruppe gerne weiterführen. Ich meine, dass sich diese zusätzliche Verantwortung auch in meinem Gehalt widerspiegeln sollte. Daher wollte ich mit Ihnen zusammen darüber sprechen, welche Möglichkeiten Sie sehen, die zusätzlichen Aufgaben zu vergüten.«

Nach zwei Wochen erhielten wir von unserer Kundin einen Karton mit Champagnerflaschen und dem Hinweis, dass sie es sich jetzt finanziell leisten könne, etwas großzügigere Geschenke zu machen.

Fazit: Die Vorstellungen darüber, was eine Gehaltserhöhung rechtfertigt, sind zwischen Angestellten und Vorgesetzten selten auf Anhieb identisch. In der Vorbereitungsphase ist es unverzichtbar, die eigenen Argumente daraufhin zu überprüfen, wie sie von der Gegenseite aufgenommen werden. Erfolg im Gehaltsgespräch wird sich nur dann einstellen, wenn Vorgesetzte erkennen können, dass sich die Leistung des Mitarbeiters für das Unternehmen ausgezahlt hat.

Ihr Beitrag zum Unternehmenserfolg Es ist verständlich, dass einige Arbeitnehmer zumindest einen Teil ihres Gehaltes als Schmerzensgeld betrachten. Treten außergewöhnliche Belastungen am Arbeitsplatz auf, scheint der Gedanke plausibel, dass die Entschädigung aufgestockt werden müsste. Bei Gehaltsverhandlungen läuft dieser Argumentationsansatz aber ins Leere. Der »Leidfaktor« ist keine tragfähige Basis für Gehaltsgespräche. Die Unternehmen sehen sich nicht als Wohlfahrtsinstitutionen, die Ihnen Ihr Leiden vergüten.

Prinzipiell gehen Unternehmen davon aus, dass Sie Ihre beruflichen Aufgaben engagiert und interessiert anpacken. Nur wenn Sie Außergewöhnliches geleistet haben und herausragendes Engagement für die Belange des Unternehmens zeigen, wird man bereit sein, Ihre Arbeit besser zu honorieren. Erfolgreiches Arbeiten bedeutet für die Firmen Unternehmenserfolg. Sie müssen Ihre Argumente deshalb stets so ausrichten, dass deutlich wird, welchen Anteil Sie am Unternehmenserfolg haben.

Argumente aus der Sicht des Unternehmens

Wie Sie die Vermittlung Ihrer Erfolge konkret gestalten sollten, erfahren Sie in Kapitel 3 »So vermitteln Sie Ihre Erfolge«. Zunächst geht es darum, eine aussagekräftige Erfolgsbilanz zu erarbeiten. Wir erläutern Ihnen nun, wie Sie dabei vorgehen sollten und auf welche Besonderheiten Sie achten müssen.

Die Erfolgsbilanz für Beurteilungsgespräche

In vielen Unternehmen werden im jährlichen Turnus Beurteilungsgespräche durchgeführt. Gemeinsam mit dem Vorgesetzten wird die Leistung des Mitarbeiters im vergangenen Jahr erörtert. In diesen Gesprächen können auch Gehaltsfragen angeschnitten werden. Zuerst muss die eigene Leistung aber so dargestellt werden, dass der Vorgesetzte beeindruckt und bereit ist, sich für die Gehaltswünsche seines Mitarbeiters einzusetzen. Es wird nur dann zu einer Gehaltserhöhung kommen, wenn es außergewöhnliche Leistungen gibt, die für das Unternehmen von besonderer Bedeutung sind.

Gehaltsfragen in Mitarbeiter- und Beurteilungsgesprächen

Wenn keine regelmäßigen Gespräche zur Leistungsbeurteilung durchgeführt werden, muss die Initiative zum Gehaltsgespräch vom Mitarbeiter selbst ausgehen und gut begründet sein. Gerade in diesem Fall darf beim Gespräch nicht der Eindruck entstehen, dass es ihm bloß ums Geld geht. Der Mitarbeiter hat eine doppelte Bringschuld: Er muss sowohl die Gründe für eine gerechtfertigte Gehaltserhöhung benennen können, als auch dafür sorgen, dass seine Argumente vom Vorgesetzten weiter nach oben vermittelbar sind.

Der Zeitraum, um den es beim Beurteilungsgespräch geht, erstreckt sich generell von der letzten Gehaltserhöhung bis heute. Liegt die letzte Gehaltserhöhung schon weit zurück, **Wählen** müssen Sie darauf achten, dass die Aktivposten, die Sie anführen, **Sie zeitnahe** dem Vorgesetzten noch in Erinnerung sind. Wer beim Berufseinstieg Außerordentliches geleistet hat, die folgenden vier **Erfolge** Jahre jedoch eher mitgeschwommen ist, wird Schwierigkeiten haben, auf Verständnis für seinen Wunsch nach einer Steigerung des Einkommens zu stoßen. Die letzten ein bis zwei Jahre sind Ihrem Vorgesetzten üblicherweise noch frisch genug in Erinnerung. Greifen Sie deshalb bei der Ausarbeitung Ihrer Erfolgsbilanz schwerpunktmäßig auf diese Zeit zurück. Von herausragender Bedeutung sind die Aktivitäten, die über das Tagesgeschäft hinausgehen. In der Übersicht 2 haben wir für Sie überzeugende Aktivposten zusammengetragen, an denen Sie sich orientieren können.

Überzeugende Aktivposten

Übersicht 2

- Umsatzsteigerungen
- Erzielung von Kostenvorteilen
- Übernahme von Sonderaufgaben
- Mitarbeit an abteilungsübergreifenden Projekten
- Projektleitung
- wechselnde Einsatzorte
- Auslandseinsätze
- dauerhafte Vertretung von Kollegen
- Ausbau des Qualifikationsprofils

- Zunahme der Personal-verantwortung
- Mitarbeiterschulungen
- Repräsentationsaufga-ben
- Ausdehnung der Verant-wortungsbereiche

- Ausweitung der Tätigkei-ten
- Optimierung von Ar-beitsabläufen
- Qualitätsverbesserun-gen

Unser folgendes Beispiel »Erfolgsbilanz eines Mitarbeiters im Controlling« verschafft Ihnen einen Eindruck davon, wie eine Erfolgsbilanz zur Vorbereitung eines Beurteilungsgesprächs konkret aussehen kann. Hierbei hat der Controller besonderes Augenmerk auf die Argumente gelegt, die der Ausweitung und Optimierung der Geschäftstätigkeit seines Unternehmens dienen. **Die Erfolgs-bilanz zur Vorbereitung des Gesprächs**

Erfolgsbilanz eines Mitarbeiters im Controlling

Für seine Erfolgsbilanz hat der Mitarbeiter die letzten zwei Jahre seiner Tätigkeit unter die Lupe genommen. Dabei fand er die folgenden Belege für besondere Leistungen und seine überdurchschnittliche Einsatzbereitschaft:

Beispiel

1. Weiterentwicklung des Vertriebscontrolling
2. Mitarbeit in team- und bereichsübergreifenden Projekten zur Weiterentwicklung der Controllinginstrumente
3. Durchführung von Planungs-, Analyse- und Abweichungsgesprächen vor Ort
4. eigenständige Durchführung von Analysen und Bewertungen zur kurz- und mittelfristigen Geschäftsentwicklung einzelner Unternehmensstandorte

Einen besonderen Trumpf für das Gehaltspoker haben all diejenigen in der Tasche, die ihre Leistungen quantifizieren können. Lässt sich der Erfolg der eigenen Arbeit in Zahlen ausdrücken, hat man schwer widerlegbare Argumente zur Hand. Eine Verringerung der Ausschussquote um 20 Prozent, eine Umsatzsteigerung im verantworteten Bereich von 40 Prozent oder Kostensenkungen im Einkauf um 10 Prozent machen eindeutig die erfolgreiche Arbeit für das Unternehmen sichtbar.

Die Schlagkraft von Zahlen Rhetorisch versierte Mitarbeiter wissen um die besondere Schlagkraft von Zahlen. Werden in Konferenzen, Vorträgen oder Produktpräsentationen Zahlen in den Raum gestellt, ist damit immer eine klare Aussage verbunden. Es muss nicht erst mühsam eine Übereinkunft in der Auslegung und Bewertung von Informationen gefunden werden. Zahlen sprechen auf den ersten Blick für sich selbst. Den Vorteil, die eigenen Leistungen in Zahlen darzustellen, sollten Sie auf jeden Fall nutzen, wenn Sie die Möglichkeit dazu haben.

Prozesse in Zahlen ausdrücken Insbesondere für Arbeitnehmer im Bereich Vertrieb, Verkauf oder Marketing bieten sich hier große Verhandlungschancen. Die Steigerung der Verkaufsabschlüsse, die Ausweitung des Kundenstammes oder die erfolgreiche Vermarktung eines Produktes in Zahlen ausgedrückt, gehört auf jeden Fall in das Gehaltsgespräch. Aber auch in Arbeitsbereichen, wo eine Quantifizierung von Leistungen auf den ersten Blick nicht so leicht möglich scheint, gibt es oft die Möglichkeit, mit Zahlen zu argumentieren. Im Personalbereich kann dies die Reduzierung der Mitarbeiterfluktuation oder der Fehlzeiten sein. In der Verwaltung lassen sich verkürzte Bearbeitungszeiten auch in Minuten ausdrücken. In der Produktion ließe sich eine Erhöhung der gefertigten Stückzahlen oder eine Minimierung der Rüstzeiten anführen.

In unserem Beispiel »Erfolgsbilanz einer Marketingreferentin« finden Sie neben den herausgestellten Aktivposten auch Zahlenangaben, die die erfolgreiche Arbeit belegen.

Erfolgsbilanz einer Marketingreferentin

Eine Marketingreferentin findet für ihre Erfolgsbilanz diese Anhaltspunkte:

1. Initiierung und Organisation von Promotion-Veranstaltungen, Ausbau der Kundenkartei für Mailing-Aktionen um 50 Prozent
2. Ausarbeitung von Produktstrategien und Vermarktungskonzepten aus detaillierten Marktanalysen, Steigerung der Produktverkaufszahlen um 30 Prozent durch Produktrelaunch
3. Entwicklung von Produktdefinitionen und Umsatzprognosen
4. Verwaltung von Marketingbudgets

Überlassen Sie das Ergebnis Ihres Beurteilungsgespräches nicht dem Zufall. Bereiten Sie schon jetzt die Argumente, die für eine Gehaltserhöhung sprechen, in Form einer Erfolgsbilanz auf. Machen Sie dazu die Übung »Erfolgsbilanz erstellen«.

Erfolgsbilanz erstellen

Wenn Sie darangehen, Ihre Erfolgsbilanz zu erstellen, sollten Sie sich nicht nur auf Ihre Erinnerung verlassen. Sichten Sie auch Projektberichte, Korrespondenz, Firmenzeitschriften, Pressemitteilungen und Konferenzprotokolle. Nehmen Sie sich Zeit und durchforsten Sie die Unterlagen und Ihr Gedächtnis nach Aktivitäten, die über das normale Tagesgeschäft hinausgehen.

Werfen Sie noch einmal einen Blick auf unsere Übersicht »Überzeugende Aktivposten«. Suchen Sie bei sich selbst nach dem dort genannten besonderen Engagement.

Beschränken Sie sich nicht auf einen einzigen Aktivposten, sammeln Sie mehrere Belege dafür, dass Sie sich über das normale Maß hinaus für das Unternehmen eingesetzt haben. Kristallisieren Sie für Ihren Vorgesetzten heraus, dass Ihr Wunsch nach einer Gehaltserhöhung eine Konsequenz Ihrer erhöhten Arbeitsaufwendungen ist.

Ihre Erfolgsbilanz

Aktivposten 1.: . . . .

Aktivposten 2.: . . . .

Aktivposten 3.: . . . .

Aktivposten 4.: . . . .

Aktivposten 5.: . . . .

Die Erfolgsbilanz für Vorstellungsgespräche

Wenn Sie sich bei einer neuen Firma vorstellen, geht es zunächst darum, ob Ihr Profil inhaltlich zu den Anforderungen des Unternehmens passt. Erst wenn das Unternehmen sich für Sie als möglichen Mitarbeiter entschieden hat, kommt es zu Gehaltsverhandlungen. Es ist daher sinnvoll, sich zuerst auf die Darstellung der eigenen Qualifikation zu konzentrieren, bevor Gehaltsfragen geklärt werden. Bei einigen Unternehmen findet **Operieren** die Gehaltsverhandlung daher auch erst in einem zweiten Vor- **Sie mit einer** stellungsgespräch statt.

aussagekräf- Was für die Beurteilungsgespräche mit Mitarbeitern gilt, **tigen Erfolgs-** trifft in gleicher Weise auf Vorstellungsgespräche zu: Es zählen **bilanz** die Erfolge in Ihrer jetzigen Position. Im Bewerbungsgespräch müssen Sie jedoch Ihre Erfolgsbilanz noch weiter ausbauen. Während in Beurteilungsgesprächen Ihre Eignung für das Tagesgeschäft vorausgesetzt werden kann, herrscht bei Vorstellungsgesprächen eher eine gewisse Unsicherheit aufseiten des Unternehmens. Den Unternehmensvertretern ist nicht klar, ob der Bewerber überhaupt für die ausgeschriebene Stelle geeignet ist; eine Bewährungsprobe steht noch aus. Sie müssen daher in Bewerbungsgesprächen zuerst einmal Argumente für Ihre Eignung liefern, bevor Sie den Wert Ihrer beruflichen Qualifikation verhandeln können.

Um in Vorstellungsgesprächen gut und überzeugend aufzutreten, müssen Sie eine abgerundete Darstellung Ihrer beruflichen Qualifikation vorbereiten. Anders als in Beurteilungsgesprächen sollten Sie auch außerordentliche Leistungen im Tagesgeschäft belegen können. Stellen Sie aber nicht nur Ihre momentane berufliche Tätigkeit, sondern auch Ihre berufliche Entwicklung dar und gehen Sie auf frühere Positionen ein. Die Unternehmen wollen überprüfen, wie zielgerichtet Sie den Ausbau Ihrer beruflichen Qualifikation vorgenommen haben, und ob Sie leistungsbereit und aufstiegswillig sind.

Eine runde Darstellung Ihrer beruflichen Qualifikation

Die beste Begründung für ein höheres Gehalt in einer neuen Position ist Ihr Selbstvertrauen, neue Aufgaben in Angriff nehmen zu können. Nur wenn es plausibel erscheint, dass Sie die Anforderungen der neuen Stelle bewältigen werden, wird das Unternehmen bereit sein, einen Vertrauensvorschuss in Form eines deutlich höheren Gehalts zu liefern. Zwar bedeutet eine bessere Position auch mehr Geld, aber das höhere Einkommen kann nicht abgekoppelt von den beruflichen Aufgaben gesehen werden. Ein Unternehmen erwartet also von Ihnen, dass für Sie die neue Aufgabe im Vordergrund steht und nicht das neue Gehalt.

Mit einer gut ausgearbeiteten Erfolgsbilanz verschaffen Sie sich die Möglichkeit, Ihren Gehaltswunsch auch fundiert vorzutragen. Bedenken Sie: Bei einem Stellenwechsel sind Sie noch nicht in das relativ stabile Gehaltsgefüge des Unternehmens integriert. Machen Sie es sich zum Ziel, bei einem Wechsel ein möglichst hohes Gehalt auszuhandeln. Auf spätere Gehaltserhöhungen wirkt sich das natürlich auch positiv aus. Leichter gesagt als getan, denn mit unrealistisch hohen Forderungen werden Sie sich kaum Gehör verschaffen. Ihre Erfolgsbilanz

Handeln Sie ein möglichst hohes Einstiegsgehalt aus

hilft Ihnen, sich in einem vorteilhaften Licht zu präsentieren. Eine gute Selbstdarstellung ist oft der Grund für ein höheres **Eine gute** Gehaltsangebot von der Unternehmensseite her.

Selbstdar- Das folgende Beispiel »Erfolgsbilanz einer Human Resources **stellung zahlt** Managerin« zeigt, wie sich eine Angestellte aus dem Personalbe- **sich aus** reich auf ihre Gehaltsverhandlungen mit einem neuen Arbeitgeber inhaltlich vorbereitet hat. Zunächst hat sie ihre aktuelle Position beschrieben, ihre Aufgaben dort aufgelistet und auch besondere Erfolge hervorgehoben. In gleicher Art und Weise ist sie bei der Darstellung ihres früheren Arbeitsplatzes vorgegangen.

Beispiel

Erfolgsbilanz einer Human Resources Managerin

Aktuelle Position:
Human Resources Managerin

Tätigkeiten: Personalsuche, Personalauswahl, Personalbetreuung, Personalentwicklung, Beratung der Führungskräfte, Betriebsräte und Mitarbeiter in arbeitsrechtlichen Fragen

Erfolge: Etablierung flexibler Arbeitszeitmodelle, Halbierung der Fluktuationsquote, Senkung der Fehlzeiten um ein Drittel

Vorhergehende Position:
Personalreferentin

Tätigkeiten: Führen von Personalakten, Erstellen statistischer Auswertungen, Entgeldabrechnungen, Personalmaßnahmen wie Einstellungen, Übernahmen, Versetzungen, Umgruppierungen

Erfolge: Bewältigung des temporären Personalbedarfs durch Kooperation mit Zeitarbeitsfirmen

In Vorstellungsgesprächen ist neben der beruflichen Entwicklung, die mit der Zunahme von Verantwortung und Gestaltungsspielräumen einhergeht, auch der Ausbau beruflicher

Qualifikationen durch Fort- oder Weiterbildung ein gutes Argument für Gehaltsverhandlungen.

Der Abschluss von umfassenden Weiterbildungsmaßnahmen wird regelmäßig zum Anlass genommen, um entweder intern oder extern einen Karrieresprung zu machen. In unserer Beratungspraxis erleben wir oft, dass aufstiegsorientierte Arbeitnehmer die zusätzliche Belastung auf sich nehmen, neben ihrer Arbeit einen weiterqualifizierenden Abschluss zu erwerben. Ist die Weiterbildungsmaßnahme dann erfolgreich abgeschlossen, soll für das Extra an Schweiß und Mühe auch ein adäquater Gehaltszuschlag erzielt werden.

Auch aus der Sicht der Unternehmen werden Weiterbildungsmaßnahmen der Mitarbeiter grundsätzlich begrüßt. Der gezeigte Einsatzwille und die Eigeninitiative können bei erfolgreichem Abschluss durchaus mit einer höheren Einstufung im Gehaltsgefüge honoriert werden. Allerdings gibt es keinen Automatismus, der auf Fortbildungen zwangsläufig eine Gehaltserhöhung folgen lässt. Dem Unternehmen muss klar gemacht werden, welchen Nutzen es ganz konkret aus den Anstrengungen des Mitarbeiters ziehen kann. Und das ist Ihre Aufgabe!

Weiterbildung dokumentiert Einsatzwillen und Eigeninitiative

Bei Vorstellungsgesprächen bildet eine zusätzliche Qualifikation oft erst die Grundlage dafür, die Aufgaben am neuen Arbeitsplatz bewältigen zu können. Sie sollten unbedingt betonen, dass Sie in dieser Hinsicht in letzter Zeit viel getan haben. Aus Sicht der Personalverantwortlichen zeigen Bewerber, die sich aktiv um ihre eigene Entwicklung kümmern, Lernbereitschaft, Engagement und Belastbarkeit. Diese Soft Skills stehen bei Unternehmen hoch im Kurs und werden in Gehaltsverhandlungen durchaus honoriert.

Erfolgsbilanz eines Wirtschaftsingenieurs

Die Routinetätigkeiten und besonderen Erfolge eines Wirtschaftsingenieurs in den verschiedenen Stationen seiner Berufstätigkeit lesen sich so:

Beispiel

Tätigkeiten: Qualitäts- und Kostenmanagement in der Produktion, Ausbau der Just-in-time-Abläufe, Einbindung der Zulieferer in die Qualitätsstandards des Unternehmens, Durchführung von Fehleranalysen und Prozessoptimierung

Erfolge: Kostenreduzierungen durch verbesserte Qualitätsstandards und optimierte Kooperation mit europäischen Zulieferern. Dadurch bessere Marktposition, die in einer Umsatzsteigerung von 20 Prozent und einer erheblichen Gewinnmaximierung resultierte.

Weiterbildung

Berufsbegleitendes Aufbaustudium zum Wirtschaftsingenieur, Inhalte: Qualitätsmanagement, Einkauf, Logistik, Plankostenrechnung

Vorhergehende Positionen:
Projektingenieur

Tätigkeiten: Ablaufoptimierung

Erfolge: Schnellere Produktentwicklung durch Verringerung der Reibungsverluste zwischen technischer Projektleitung und den Zulieferern

Produktionsingenieur

Tätigkeiten: Betreuung der Produktionssysteme, Verhandlungen mit Zulieferern

Erfolge: Zehnprozentige Kostensenkungen im Einkauf durch Auswahl von alternativen Zulieferern, gleichzeitig bessere Sicherstellung der Teileverfügbarkeit

Erarbeiten Sie sich eine stabile Argumentation Unsere Beispiele für die Erfolgsbilanzen von Stellenwechslern haben Ihnen gezeigt, dass es möglich ist, sich für Gehaltsverhandlungen eine gute Argumentationsbasis zu erarbeiten. Nur wer im Vorstellungsgespräch detailliert belegen kann, dass er bereits nutzbringend für ein Unternehmen gearbeitet hat, liefert gute Gründe für den neuen Arbeitgeber, einen Vertrauensvorschuss in Form eines höheren Gehaltes zu gewähren.

Erst die inhaltliche Vorarbeit versetzt Stellenwechsler in die Lage, ein vernünftiges Selbstmarketing im Gehaltsgespräch zu betreiben. Personalverantwortliche beschweren sich zu Recht über Bewerber, die in Gehaltsverhandlungen rein formal unter **Im Gehaltsgespräch ist Ihr Selbstmarketing gefragt** Rückgriff auf Stellenbezeichnungen argumentieren. Die Aussage »Ich bin Abteilungsleiter im Vertrieb. Wenn ich jetzt die Verantwortung für einen ganzen Unternehmensbereich übernehme, ist doch ein höheres Gehalt selbstverständlich!« überzeugt nicht. Machen Sie Unternehmensvertretern den Wert Ihrer Arbeitsleistungen verständlich. Dies funktioniert nur in einer inhaltlichen Auseinandersetzung und dafür brauchen Sie Argumentationsmaterial.

Damit Sie in Gehaltsgesprächen nicht mühsam nach Argumenten ringen müssen, sollten Sie Ihre Erfolgsbilanz ausführlich ausarbeiten.

So stärken Sie Ihre Verhandlungsposition: Ihre Erfolgsbilanz

Übung

Wenn Sie Ihre Erfolgsbilanz für Gehaltsverhandlungen in Vorstellungsgesprächen vorbereiten, können Sie auf Arbeitszeugnisse, Zwischenzeugnisse, Stellenbeschreibungen, Projektberichte oder Protokolle von Sonderaufgaben zurückgreifen. Dort finden Sie Tätigkeitsbeschreibungen, Etikettierungen und Formulierungen für die von Ihnen wahrgenommenen Tätigkeiten.

Gehen Sie auf Erfolge ein, mit denen Sie den neuen Arbeitgeber beeindrucken können. Wie in unseren Beispielen gezeigt, sind quantifizierbare Erfolge besonders gut dazu geeignet. Drücken Sie Verkaufserfolge, Umsatzstei gerungen oder von Ihnen verantwortete Einsparungen in Zahlen aus. Achten Sie aber darauf, dass Sie keine Geschäftsgeheimnisse preisgeben.

Aktuelle Position

Tätigkeit 1 . . . .
Tätigkeit 2 . . . .
Tätigkeit 3 . . . .
Tätigkeit 4 . . . .
Tätigkeit 5 . . . .

Erfolg 1 . . . .
Erfolg 2 . . . .
Erfolg 3 . . . .

Vorhergehende Position

Tätigkeit 1 . . . .
Tätigkeit 2 . . . .
Tätigkeit 3 . . . .
Tätigkeit 4 . . . .
Tätigkeit 5 . . . .

Erfolg 1 . . . .
Erfolg 2 . . . .
Erfolg 3 . . . .

(eventuell) Weiterbildung

Inhalt 1 . . . .
Inhalt 2 . . . .
Inhalt 3 . . . .

Was haben Sie zu bieten? – Ihre Trümpfe im Gehaltspoker

Im Blick

- Erfolgreiches Arbeiten wird von Unternehmen und Mitarbeitern oft unterschiedlich definiert. In Gehaltsverhandlungen müssen Sie aus der Unternehmenssicht argumentieren.

- Das Leiden am eigenen Arbeitsplatz rechtfertigt keine Gehaltserhöhung. Nur Leistung überzeugt.

- Unternehmen erwarten von ihren Angestellten Engagement und sorgfältiges Arbeiten. Nur außergewöhnliche Leistungen oder herausragendes Engagement sind Gründe für eine Gehaltserhöhung.

- In Beurteilungsgesprächen mit Mitarbeitern können auch Gehaltsfragen thematisiert werden. Gibt es keine regelmäßigen Beurteilungsgespräche, muss die Gehaltsverhandlung vom Mitarbeiter angeregt werden.

- Suchen Sie Begründungen für Ihren Gehaltswunsch nicht zu weit in Ihrer beruflichen Vergangenheit, gehen Sie auf die Leistungen in den letzten ein bis zwei Jahren ein.

- Wer seine Leistungen in Zahlen ausdrücken kann, hat einen besonderen Trumpf im Gehaltspoker.

- In Vorstellungsgesprächen müssen Sie Ihre Erfolgsbilanz umfassender erstellen. Sie müssen nicht nur außerordentliche Erfolge benennen, sondern auch belegen können, dass Sie das Tagesgeschäft im Griff haben.

- Machen Sie bei Gehaltsverhandlungen im Vorstellungsgespräch Ihre berufliche Entwicklung deutlich. So vermitteln Sie, dass in Zukunft noch viel von Ihnen zu erwarten ist.

3

So vermitteln Sie Ihre Erfolge

Mit der Auflistung Ihrer Aktivposten – der Erfolgsbilanz – haben Sie einen Fundus an Argumenten, den Sie in Gehaltsgesprächen nutzen können. Die Vermittlung dieser Argumente bereitet Beschäftigten und Bewerbern immer wieder große Probleme. Aus unseren Seminaren, Workshops und Beratungsstunden wissen wir, dass unsere Beratungskunden sich fast immer auf gute Gründe für einen Gehaltssprung berufen könnten. Was ihnen aber fehlt ist das Wissen, wie diese Gründe vermittelbar sind.

Die Erstellung einer Erfolgsbilanz ist der erste wichtige Schritt im Gehaltsmarathon. Um das Ziel zu erreichen, bedarf es aber weiterer Anstrengungen. Wir erleben regelmäßig, dass sich Angestellte bei Gehaltsverhandlungen in den zu erwartenden Gegenargumenten der Unternehmensseite verstricken. Sie haben so viele Bedenken gegen eine Gehaltserhöhung im Kopf parat, **Erfolge** dass sie damit schon den Start verpatzen. Das beste Training, **kommuni-** um hier nicht ins Schleudern zu geraten: Üben Sie zunächst **zieren** die Darstellung Ihrer Erfolgsbilanz. Wenn Sie von Anfang an richtig in Schwung kommen und Ihre Dynamik nicht verlieren wollen, müssen Sie lernen, die eigenen Leistungen einleuchtend zu präsentieren. Natürlich müssen Sie auch wissen, wie Sie Einwände und Gegenargumente der Unternehmensseite entkräften können. Mehr Hinweise dazu finden Sie in Kapitel 7, »Taktisch verhandeln in Gehaltsgesprächen – mit diesen Gegenreaktionen müssen Sie rechnen«. Bevor Sie sich um mögliche Einwände kümmern, müssen Sie jedoch erst einmal lernen, sich so darzustellen, dass Ihr Gehaltswunsch ernst genommen wird.

Für alle Verhandlungen – und damit auch für Gehaltsverhandlungen – gilt, dass erst dann Bewegung ins Geschehen kommt, wenn von einer Seite Impulse gesetzt werden. Um überhaupt in ein Gespräch über Gehaltsfragen einsteigen zu können, muss eine Vorlage geliefert werden. Ohne schlüssige Argumentationsbasis ergibt sich in Gehaltsverhandlungen oft ein unproduktives Hin und Her. Haben Sie keine wirklichen Argumente für eine Gehaltserhöhung zur Hand, machen Sie es Ihrem Gegenüber zu leicht. Die Unternehmensseite kann sich dann nämlich darauf beschränken, Sie abzublocken oder ins Leere laufen zu lassen. Diese Situation ist für beide Seiten unbefriedigend. Wenn keine Brücke geschlagen wird, entsteht schnell eine kontraproduktive Situation. Die eine Seite stellt Forderungen, die die andere Seite wiederum möglichst schnell zurückzuweisen versucht.

Argumentieren Sie schlüssig und profund

Eine optimale Darstellung Ihrer Erfolgsbilanz ist auch deswegen wichtig, da Ihr Vorgesetzter oder der Personalverantwortliche, dem Sie als Bewerber gegenübersitzen, nur der Vermittler Ihrer Gehaltswünsche ist. Allein in kleinen Unternehmen oder wenn Sie eine sehr hohe Position anstreben, werden Sie direkt mit der Geschäftsleitung verhandeln. In allen anderen Fällen muss Ihr Gesprächspartner die Zustimmung zur Umsetzung Ihrer Gehaltsvorstellung von oben einholen. Damit das funktionieren kann, müssen Sie Ihr Profil so aufbereiten, dass es von anderen Personen auch weiterzuvermitteln ist. Insbesondere wenn Sie den oberen Rand des üblichen Gehaltsrahmens ausloten wollen, wird der Vorgesetzte oder Personalverantwortliche, mit dem Sie gesprochen haben, Ihre Wünsche firmenintern nach oben rechtfertigen müssen. Sie müssen Ihre Gesprächspartner auf der Unternehmensseite also nicht nur überzeugen, sondern ihnen auch genügend Stoff für die notwendige zweite Rechtfertigungsrunde liefern.

Ihre Gehaltswünsche müssen zu vermitteln sein

Sammeln Sie stichhaltige Argumente für Ihre Verhandlung

Nun erläutern wir Ihnen, welche Fehler in Gehaltsverhandlungen immer wieder gemacht werden. Anschließend erfahren Sie, wie Sie es besser machen können.

Vermittlungsfehler im Gehaltsgespräch

Gute Argumente geschickt verpackt Den Kardinalfehler, unvorbereitet in Gehaltsgespräche zu gehen, haben wir Ihnen bereits vorgestellt. Mit der Erfolgsbilanz haben wir Ihnen ein Instrument an die Hand gegeben, mit dem Sie diesen Fehler vermeiden werden. Gute Argumente allein nützen Ihnen jedoch noch nicht viel, Sie müssen Ihre Argumente auch geschickt verpacken.

Dies ist gar nicht so leicht: Schließlich lastet auf Ihnen ein erheblicher Erfolgsdruck. Sie haben sich ein genau umrissenes Ziel gesetzt, das Sie unbedingt erreichen wollen. Da Sie mit Gegenwind rechnen müssen, werden Sie Gehaltsgespräche als Stresssituation empfinden. In dieser für Sie belastenden Situation müssen Sie nun auch noch souverän bleiben und flexibel reagieren. Den meisten unvorbereiteten Berufstätigen gelingt dies nicht.

Ein souveränes Auftreten hilft Ihnen weiter

Einige Fehler tauchen in unseren Workshops und Beratungsstunden immer wieder auf. Lernen Sie aus den Fehlern der anderen, legen Sie sich im Gehaltsgespräch nicht selbst Stolpersteine in den Weg. Die typischen Vergehen in Gehaltsverhandlungen sind:

- die eigene Leistung verleugnen
- übertriebene Selbstdarstellung
- Allgemeinplätze und Floskeln verwenden
- falsche Begründungen liefern
- den Gegenwartsbezug nicht herstellen

Die eigene Leistung verleugnen

In Gehaltsgesprächen muss die individuelle Leistung des Mitarbeiters sichtbar werden. Vielen Beschäftigten fällt es aber schwer, die eigenen Erfolge herauszustellen und sich zu ihnen zu bekennen. Häufiger als man denkt, machen sich Mitarbeiter kleiner, als sie eigentlich sind. Aus Unsicherheit und um persönlich nicht angreifbar zu sein, wird dann nur die Leistung des Arbeitsteams, der Projektgruppe oder der Abteilung thematisiert.

Bekennen Sie sich zu Ihren Leistungen

Die Teamfähigkeit von Mitarbeitern ist zwar gefragt, nach wie vor gilt in Unternehmen aber die Aussage: »Ein Team macht nicht Karriere.« Der Widerspruch zwischen der eingeforderten Teamfähigkeit im Arbeitsalltag und der individuellen Leistungsbilanz in Gehaltsgesprächen ist für viele Mitarbeiter und Bewerber nur schwer aufzulösen. Der Verweis auf Gruppenleistungen hilft in Gehaltsverhandlungen nicht weiter. Wer seine Gehaltswünsche mit den Leistungen anderer begründen will, steht sich selbst im Weg.

Das erfolgreiche Team

Beispiel

Negativbeispiel

Argumentiert ein Produktmanager im Gehaltsgespräch so, geht sein Anteil am Erfolg unter: »Ich möchte darauf hinweisen, dass die gute Zusammenarbeit zwischen allen Beteiligten letztendlich zu einem auf dem Markt erfolgreichen Produkt geführt hat. Ich habe mich besonders über die Impulse aus der Entwicklungsabteilung gefreut. Wir können alle stolz auf uns sein. Auch für mich sollte sich dieser Erfolg auszahlen, daher strebe ich eine Gehaltserhöhung an.«

Aus Sicht von Personalverantwortlichen oder Vorgesetzten ist bei dieser Darstellung nur schwer herauszuhören, wie hoch der Anteil des Produktmanagers am Erfolg wirklich war. Es drängt sich der Eindruck auf, dass eher die Vertreter der Entwicklungsabteilung eine Gehaltserhöhung verdient hätten. Der Produktmanager teilt eigentlich nicht mehr mit, als dass er sich um die ihm zugewiesenen Aufgaben gekümmert hat. Besondere Leistungen oder ein besonderes Engagement werden nicht sichtbar.

Individuelle Leistungen überzeugen

Beispiel

Statt die Leistungen anderer zu betonen ist es günstiger, die eigene Leistung in den Vordergrund zu stellen. Der Produktmanager sollte besser so argumentieren: »Die Ausrichtung der einzelnen Beiträge aller Beteiligten auf den Produkterfolg stand in meiner Verantwortung. Der Gefahr, dass bei einer mangelnden Abstimmung die einzelnen Arbeitsleistungen verpuffen und Termine in Gefahr geraten, musste ich aktiv entgegen wirken. Die von mir initiierten Kooperationsgespräche waren sehr erfolgreich. Impulse aus der Entwicklungsabteilung konnten nach meiner Moderation direkt in Marketingstrategien umgesetzt werden. Auch die Vorbereitung des Vertriebs auf die Markteinführung gelang mir vor dem geplanten Termin. So konnten wir früher als die Konkurrenz Marktpräsenz zeigen. Ich möchte meine erfolgreiche Arbeit gerne weiterführen und hoffe auf Ihre Zustimmung zu einer Gehaltserhöhung.« Positiv-beispiel

Zur Vorbereitung auf Gehaltsverhandlungen sollten Sie die Darstellung Ihrer Erfolge daraufhin überprüfen, ob Ihr individueller Beitrag ausreichend deutlich wird. Sie müssen positiv zu sich selbst stehen und dafür sorgen, dass Ihnen überdurchschnittliche Leistungen zugeschrieben werden. **Machen Sie Ihren individuellen Anteil am Erfolg sichtbar**

Die Angst, sich in übertriebenem Maße zu profilieren, hält Mitarbeiter immer wieder davon ab, sich zu ihren Erfolgen zu bekennen. Ganz unbegründet ist diese Furcht nicht, es gibt durchaus Bewerber und Mitarbeiter, die zur Selbstbeweihräucherung neigen.

Übertriebene Selbstdarstellung

In Gehaltsverhandlungen treten von Zeit zu Zeit Kandidaten auf, die von einem gewissen Größenwahn besessen sind. Die Gefahr, die eigene Leistung herunterzuspielen, besteht bei diesen Mitarbeitern oder Bewerbern nicht. Sie erwecken vielmehr den Eindruck, die ultimative Weltformel gefunden zu haben, und betrachten alle positiven Entwicklungen, die um sie herum im Unternehmen geschehen, als eigene Leistung.

Das große Problem bei dieser Vermittlungsstrategie ist die Unglaubwürdigkeit. Selbst wenn besondere Erfolge erzielt wurden, gehen diese in einem Wust von Pseudo-Leistungen unter. Personalverantwortliche und Vorgesetzte werden zudem schnell in eine Abwehrhaltung getrieben. Werden zu viele Belanglosigkeiten als Erfolg »verkauft«, dann wird sich Skepsis auf der Unternehmensseite einstellen. Die Bewertung der vorgebrachten Gründe für eine Gehaltserhöhung wird kritischer als nötig ausfallen. Selbstbeweihräucherung provoziert auf der Unternehmensseite zudem eine Voreingenommenheit, die sich gegen den Mitarbeiter oder Bewerber richtet und im Verlauf des Gehaltsgespräches kaum noch abgebaut werden kann.

Belegen Sie Ihre Leistungen

Ich bin der Tollste!

Beispiel

Negativbeispiel

Ein Ingenieur aus der Entwicklungsabteilung verspielt seine Glaubwürdigkeit, wenn er bei der Darstellung seiner Leistungen zu sehr übertreibt: »Ich hätte gerne eine Gehaltserhöhung, schließlich muss ich auch dafür sorgen, dass alles läuft. Was wären der Vertrieb, der Service und das Marketing, wenn ich ihnen nicht Produkte liefern würde, die sich fast von alleine verkaufen. Überhaupt, ich verlasse mich ja nur sehr ungern auf das Marketing. Wenn ich nicht selbst das Ohr am Markt hätte, würden unsere Produktmodifikationen nicht immer wieder unsere Stellung im Markt ausbauen. Mit der von mir vertretenen Null-Fehler-Strategie habe ich den Service entlastet. Für das Unternehmen gäbe es bestimmt interessante Kostenvorteile, wenn der Service zusammengestrichen werden kann.«

Eine unzulässig übertriebene Selbstdarstellung, wie sie der Ingenieur aus dem Negativbeispiel liefert, führt das Gehaltsgespräch zwangsläufig in eine Sackgasse. Im schlimmsten Fall gewinnen Personalverantwortliche oder Vorgesetzte den Eindruck, dass dieser Mitarbeiter eher ein Störfaktor für die Arbeitsabläufe als ein Gewinn für das Unternehmen ist.

Die in Unternehmen häufig anzutreffende Rivalität zwischen den einzelnen Abteilungen hat in Gehaltsgesprächen nichts zu suchen. Am Mittagstisch in der Kantine kann man unter Kollegen ruhig einmal der Meinung sein, dass der Unternehmenserfolg der eigenen Abteilung zu verdanken ist und die anderen nur als Mitläufer fungieren. Es sollte aber allen Mitarbeitern klar sein, dass erst das Zusammenwirken aller Bereiche den Erfolg möglich macht. Insbesondere die anmaßende Behauptung, Aufgaben von anderen Abteilungen selbst viel besser lösen zu können, wird in Gehaltsverhandlungen als mangelnde Einsicht in die eigenen Fähigkeiten und die eigene Zuständigkeit verstanden werden. Das Fehlen von Selbsterkenntnis und Anpassungsvermögen sprechen aus Unternehmenssicht eindeutig gegen eine Gehaltserhöhung.

Ihr Engagement steht im Mittelpunkt

Erfolge glaubwürdig vermitteln

Der Entwicklungsingenieur sollte sein Engagement und seinen Anteil am Unternehmenserfolg besser so vermitteln: »Meine Arbeit in der Produktentwicklung hat dazu beigetragen, besonders erfolgreiche Produkte auf den Markt zu bringen. Die Rückmeldungen aus dem Service habe ich in Produktmodifikationen umgesetzt, die unsere Geräte weniger störanfällig gemacht haben. Von mir entwickelte Zusatzmodule haben Nachrüstteile von Fremdlieferanten entbehrlich gemacht. Der Kunde kann jetzt auf eine Komplettlösung von uns zurückgreifen. Ich würde mich freuen, wenn meine Arbeit für den Markterfolg unseres Unternehmens mit einer Gehaltserhöhung honoriert würde.«

Beispiel

Positiv-
beispiel

Unrealistische Darstellungen der eigenen Leistungen helfen im Gehaltsgespräch nicht weiter. Auch die übertriebene Selbststilisierung auf Kosten anderer Abteilungen oder Mitarbeiter schadet mehr, als dass sie nutzt. Die Vertreter der Unternehmensseite werden aus eigenem Interesse die angegriffenen Abteilungen verteidigen. Das führt dann zu einer automatischen Abwertung des Hochstaplers. Es kann natürlich auch passieren, dass der Vorgesetzte oder Personalverantwortliche Partei für die kritisierten Abteilungen ergreift. Die Debatte um eine Gehaltserhöhung läuft dann auf eine Isolation im Unternehmensgefüge hinaus. Nach dem Gehaltsgespräch wird es im Arbeitsalltag sehr schwer werden, weiterhin Unterstützung zu bekommen.

Die negativen Effekte, die sich aus einer überzogenen Selbstdarstellung ergeben, lassen sich vermeiden. Die Vermittlungstaktik »Beschreiben statt bewerten« wird Ihnen helfen, die Fallstricke eines zu forschen Auftretens in Gehaltsverhandlungen zu umgehen. Sie eignet sich auch sehr gut dazu, den zu allererst vorgestellten Fehler »Die eigene Leistung verleugnen« auszuräumen. Mehr dazu weiter unten im Abschnitt »Erfolgreiche Kommunikationstechniken«.

Treten Sie souverän und gelassen auf

Allgemeinplätze und Floskeln verwenden

Allgemeinplätze und Floskeln tauchen in Gehaltsgesprächen immer dann auf, wenn Mitarbeitern oder Bewerbern nicht klar ist, dass konkrete Gehaltswünsche durch individuelle Leistungen und Erfolgsnachweise belegt werden müssen. Auf Floskeln wird aus Verlegenheit dann zurückgegriffen, wenn der Mitarbeiter eigentlich gar nicht weiß, was er sagen soll oder könnte.

In Gehaltsverhandlungen sind Allgemeinplätze und Floskeln für Gegenargumente aufseiten der Unternehmen eigentlich ganz willkommen. Vorgesetzten oder Personalverantwortlichen wird es damit sehr leicht gemacht Gehaltsforderungen abzuwiegeln und sich auf ähnlich phrasenhaftes Sprachniveau zu begeben. Für eine produktive Verhandlungsatmosphäre bleibt da kein Platz mehr.

Nur stichhaltige Argumente zählen

Neben der Gefahr, dass Allgemeinplätze und Floskeln im Gehaltsgespräch keine Inhalte vermitteln können, gibt es weitere negative Auswirkungen. Unternehmensvertreter werden an der Ernsthaftigkeit der Bemühungen um einen Gehaltssprung zweifeln, wenn diese nach Schema F abgewickelt werden. In Beurteilungsgesprächen wird der Vorgesetzte vermuten, dass der Mitarbeiter nur deshalb Gehaltsfragen anschneidet, weil er glaubt, dass man das so macht, es ihm im Grunde aber gar nicht so wichtig ist. In Bewerbungsgesprächen entsteht bei der Verwendung von Gemeinplätzen schnell der Eindruck, dass der Bewerber nicht wirklich dazu steht, die Stelle wechseln zu wollen. In beiden Fällen werden Vorgesetzter oder Personalverantwortlicher natürlich nicht bereit sein, mangelndes Engagement mit dem Bonus eines höheren Gehaltes zu honorieren.

Betonen Sie die Ernsthaftigkeit Ihrer Bemühungen

Im folgenden Negativbeispiel versucht eine Mitarbeiterin, auf einer Erfolgswelle mitzuschwimmen, ohne sich besonders hervorgetan zu haben.

Versteckspiel hinter Worthülsen

Eine Mitarbeiterin im Vertriebsinnendienst nimmt ihre Chancen im Gehaltsgespräch nicht wahr, wenn sie sich wortreich, aber nichtssagend präsentiert: »Ich dachte, es wäre an der Zeit um eine Gehaltserhöhung anzuhalten. Der Firma geht es doch momentan ganz prächtig. Auch ich habe meinen Packen getragen, viel Arbeit war zu tun. Nach dem Prinzip ›Gerechte Arbeit – gerechter Lohn!‹ ist doch sicherlich beabsichtigt, einen Teil des Vertriebserfolges auch in meinem Geldsäckel spürbar zu machen.«

Beispiel

Negativbeispiel

Die Mitarbeiterin im Vertriebsinnendienst hat an ihrem Arbeitsplatz mitbekommen, dass die Umsätze steigen und nimmt dies zum Anlass, sich ein Stück vom Kuchen des Erfolges abschneiden zu wollen. Zumindest muss es dem Vorgesetzten durch ihre ungeschickten Ausführungen so erscheinen. Die üppige Verwendung von Floskeln und Allgemeinplätzen gerät schnell in den Verdacht, dass damit mittelmäßige Leistungen kaschiert werden sollen. Wer keine fundierte Auskunft über seine Leistungen gibt, muss sich den Vorwurf gefallen lassen, wohl nichts Besonderes bieten zu können.

Auf den Punkt gebracht

Statt Allgemeinplätze zu verwenden, sollte die Vertriebsmitarbeiterin ihren Einsatz für das Unternehmen besser konkret darstellen: »Während des letzten Jahres wurden die Aufgaben im Vertriebsinnendienst ausgeweitet. Ich habe neben der Unterstützung des Außendienstes telefonische Akquise durchgeführt und Nachfassaktionen gestartet. Diese zusätzlichen Maßnahmen sind sehr erfolgreich gewesen. Zur weiteren Verwertung habe ich zielgruppenspezifische Datenbanken angelegt, die für Mailing-Aktionen genutzt werden können. Da meine Aufgaben stark ausgeweitet worden sind, glaube ich, dass eine höhere Entlohnung meiner Tätigkeit gerechtfertigt ist.«

Äußern Sie Ihre Argumente klar und verständlich

Wer seine Argumente so wie die Vertriebsmitarbeiterin im Positivbeispiel auf den Punkt bringt, wird sich in Gehaltsgesprächen auch Gehör verschaffen können. Fallen dagegen nur Floskeln und Allgemeinplätze, gibt es aus der Sicht von Vorgesetzten und Personalverantwortlichen auch keinen Grund, sich damit näher auseinander zu setzen. Die Gehaltsverhandlung kommt gar nicht erst in Schwung, die Gehaltswünsche werden auf der Strecke bleiben.

Falsche Begründungen liefern

Falsche Begründungen für Gehaltserhöhungen lenken Gehaltsgespräche in eine unglückliche Richtung. Der Verweis darauf, dass »die Hypothekenzinsen für das Eigenheim das Gehalt auffressen«, »die Ansprüche der Kinder befriedigt werden müssen« oder »der Partner mit dem Einkommen unzufrieden ist« überzeugt nicht. Personalverantwortliche oder Vorgesetzte möchten nicht als Kummerkasten herhalten, zumindest dann nicht, wenn es ums Geld geht. Gehaltsfragen haben für Unternehmen mit der privaten Situation der Beschäftigten absolut nichts zu tun. Entlohnt wird die Arbeitsleistung und nicht die privaten Aktivitäten.

Wenn private Gründe als Argumente für eine Gehaltserhöhung angegeben werden, wird Unternehmensvertretern schnell klar, dass die Berufstätigkeit wohl keine überzeugenden Gründe liefern kann. Der Bittsteller setzt sich in ein ungünstiges Licht, er scheint weniger an der aktiven Gestaltung seiner Situation interessiert zu sein und lässt seine Probleme lieber von anderen regeln. Vorgesetzte und Personalverantwortliche werden bei dieser Vorgehensweise vermuten, dass auch im beruflichen Alltag das Engagement des Arbeitnehmers nur schwach ausgeprägt sein dürfte. Wer sich als Opfer der allgemeinen Umstände inszeniert, kann bestenfalls auf Mitleid hoffen. Der Wunsch nach einer Gehaltserhöhung wird auf dieser Basis aber nicht ernst genommen werden.

Ihre berufliche Leistung steht im Vordergrund

Nicht nur private Gründe, auch Veröffentlichungen in der Presse über Gehaltsentwicklungen und der Verweis auf Kollegen taugen nicht als Vermittlungstaktiken für eine Steigerung des Einkommens. In allen genannten Fällen wird nicht mit der individuellen Leistung argumentiert. Beim Hinweis auf Gehaltstabellen oder Kollegengehälter entsteht zusätzlich noch der Eindruck, dass sich der Mitarbeiter mit fremden Federn schmücken möchte.

Mehr Leistung – mehr Gehalt

Generell ist für Personalverantwortliche wichtig, dass ein Bewerber über die üblicherweise gezahlten Gehälter informiert ist. Auch Mitarbeiter können Vorgesetzte durchaus darüber informieren, dass andere Unternehmen für die gleiche Tätigkeit höhere Gehälter zahlen. Der Hinweis auf andere Gehälter muss aber immer in Relation zu den eigenen Leistungen gesetzt werden. Es muss klar werden, dass eine mögliche Gehaltserhöhung im überdurchschnittlichen Engagement des Arbeitnehmers begründet ist.

Die Beschäftigungsdauer oder das Lebensalter gelten nur im öffentlichen Dienst als Argumente für eine bestimmte Gehaltshöhe. Werden Personalverantwortliche in der freien Wirtschaft mit diesen Begründungen konfrontiert, blocken sie ab und werden betonen, dass in ihrem Unternehmen ausschließlich nach Leistung bezahlt wird.

Allgemeine Unzufriedenheit

Ein Sachbearbeiter aus der Buchhaltung begründete seinen Wunsch nach einer Gehaltserhöhung so: »Ich möchte nach einer Gehaltserhöhung fragen. Seit fünf Jahren ist mein Gehalt nur an die Tarifabschlüsse angepasst worden. Meine Frau hat gelesen, dass andere in meiner Position mehr verdienen. Dadurch herrscht zu Hause sehr viel Unfrieden. Dem möchte ich entgegenwirken.«

Beispiel
Negativ-
beispiel

Der Vorgesetzte wird bei einer so formulierten Bitte bestenfalls schmunzeln. Zur Gehaltsverhandlung wird es wahrscheinlich gar nicht erst kommen. Man wird dem Mitarbeiter empfehlen, mit seinem jetzigen Gehalt zufrieden zu sein und seiner Frau die Sicherheit seiner guten Stellung klar zu machen. Dabei ließen sich bestimmt Argumente finden und so vermitteln, dass das Anliegen auch in den Augen des Vorgesetzten plausibel erscheint.

Mehr Arbeit, mehr Geld

Beispiel
Mit diesem Begründungsversuch würde der Buchhalter eher auf offene Ohren stoßen: »Neben meinen Aufgaben in der Kreditorenbuchhaltung

habe ich nach dem Weggang einer Kollegin auch Teile der Debitorenbuchhaltung übernommen. Soweit ich weiß, ist eine Neueinstellung nicht in Sicht. Die zusätzliche Belastung wird also bestehen bleiben. Daher halte ich eine Gehaltssteigerung für angemessen.« Positivbeispiel

Konkrete Belege aus der täglich zu bewältigenden Arbeit sind im Gehaltsgespräch ein sinnvoller Aufhänger. Der Sachbearbeiter aus der Buchhaltung verfällt im Positivbeispiel nicht mehr dem Fehler, eine falsche Begründung zu liefern, die von der Unternehmensseite allzu leicht entkräftet werden kann. Zusätzlich zu den üblichen Routinetätigkeiten übernommene Aufgaben machen seinen Gehaltswunsch nachvollziehbar. **Mehr Verantwortung rechtfertigt mehr Gehalt**

Den Gegenwartsbezug nicht herstellen

Bringt man das Verhältnis von Gegenwart und Zukunft ins Spiel, werden Gehaltsgespräche zum Balanceakt. Wer mehr Geld fordert, muss deutlich machen können, dass er auch zukünftig besondere Leistungen vorzeigen kann. Die Begründung des überdurchschnittlichen Einsatzwillens darf aber nicht in die Zukunft verlegt werden. Vor allem anhand der momentanen Situation und der bereits gezeigten Leistungen und Erfolge sollte sich bei Personalverantwortlichen und Vorgesetzten von selbst der Eindruck einstellen, dass auch zukünftig von dem Bewerber oder Mitarbeiter Besonderes erwartet werden kann.

Gerade bei Gehaltsverhandlungen in Vorstellungsgesprächen besteht die Gefahr, dass sich der Bewerber in seiner Argumentation zu sehr auf den neuen Aufgabenbereich bezieht. Er sollte lieber herausstellen, was ihn zur Bewältigung dieser Aufgaben befähigt. Dabei ist das mitgebrachte Qualifikationsprofil entscheidend. Vielversprechendere Profile werden besser ho- **Das Qualifikationsprofil ist entscheidend** noriert als durchschnittliche Fähigkeiten und Kenntnisse. Um im Gehaltsgespräch punkten zu können, sollte man auch immer an den Slogan denken: »Die Zukunft entsteht aus der Gegenwart.«

Sie haben im Gehaltspoker bessere Karten, wenn Sie nicht nur Versprechungen hinsichtlich zukünftiger Ziele von sich geben. Gehaltssteigerungen bei einem Stellenwechsel sind immer als Vertrauensvorschuss zu verstehen. Der Kredit, den ein neuer **Belegen Sie** Arbeitgeber einräumt, hängt von den Sicherheiten ab, die ihm **Ihren Einsatz-** geboten werden. Schaffen Bewerber es nicht, besondere Erfolge **willen** und außergewöhnlichen Einsatzwillen auch für die Gegenwart zu belegen, werden Personalverantwortliche ihnen auch für die Zukunft nur Durchschnittliches zutrauen. Die Bereitschaft, ein überdurchschnittliches Gehalt zu zahlen, wird dann wohl kaum zur Diskussion stehen.

Zu viele Versprechungen

Ein Informatiker, der Projektleiter für die Software-Entwicklung werden möchte, bringt seine Eigendarstellung um Substanz, wenn er im Gehaltsgespräch beim neuen Arbeitgeber nur die Zukunft thematisiert: »In **Beispiel** der neuen Tätigkeit erwarten mich viele neue Aufgaben, die entsprechend dotiert sein sollten. Ich kann mir gut vorstellen die DV-Systeme zu internationalisieren und zuverlässiger zu machen. Es reizt mich, ein **Negativ-** globales Internet aufzubauen und für Sie optimale Serverstrukturen zu **beispiel** implantieren. Es kommt so viel Neues auf mich zu, auf das ich mich einstellen muss, dass ein überdurchschnittliches Gehalt sicherlich gerechtfertigt wäre.«

Der Enthusiasmus für die neue Aufgabe ehrt den Bewerber. Leider vermittelt er nur Wunschvorstellungen und verlegt die Bewährungsprobe in die Zukunft. Für den Personalverantwortlichen wird die Basis nicht deutlich, die den Bewerber befähigt, die neuen Aufgaben auch zu bewältigen. Der reine Zukunftsbezug der Ausführungen lässt das Profil des Bewerbers untergehen, besondere Gründe für ein überdurchschnittliches Gehalt sind nicht vermittelt worden. Es geht aber auch anders, ohne dass die Aufgaben in der neuen Position gänzlich weggelassen werden müssten.

Der erfolgsgewohnte Informatiker

Die Verknüpfung bisheriger Anstrengungen am alten Arbeitsplatz mit den Zielen des neuen Arbeitgebers stärkt die Position des Informatikers im Gehaltsgespräch: »Ich meine, dass ein um 10 000 Euro höheres Jahresgehalt bei der Übernahme der neuen Tätigkeit angemessen wäre. Meine weitreichenden Kenntnisse von Internet- und Intranettechnologien werden es mir ermöglichen, umgehend in die neuen Aufgaben einzusteigen. Ich habe auch bisher schon Software-Projekte konzipiert. Die Arbeit in internationalen Teams ist mir vertraut. Auch meine sehr guten Datenbankkenntnisse werden der neuen Aufgabe zugute kommen.«

Beispiel

Positiv-
beispiel

Erfolgreiche Kommunikationstechniken

Die häufigsten Kommunikationsfehler, die in Gehaltsgesprächen auftauchen, haben wir Ihnen jetzt vorgestellt. Nun erfahren Sie, wie Sie es besser machen können. Es gibt Vermittlungsstrategien, die Sie vor den aufgeführten Fehlern bewahren.

Ihr Rückgriff auf unsere erfolgreichen Kommunikationstechniken hat mehrere Vorteile: Sie werden Sicherheit für das Gehaltsgespräch gewinnen, Ihre Erfolgsbilanz aktiv vermitteln können und so eine ergebnisorientierte Verhandlungsatmosphäre herstellen. Die von Arbeitnehmern in Gehaltsverhandlungen gefürchtete Bittstellerposition kann so gar nicht erst entstehen. Dies wird es Ihnen leichter machen, beim momentanen

So gewinnen Sie Sicherheit im Gespräch

Arbeitgeber von sich aus um ein Gespräch in Sachen Gehalt anzufragen. Fest terminierte Beurteilungsgespräche verlieren ihren Schrecken und Sie vermeiden, Chancen zu verspielen, die Sie hätten nutzen können. Gehaltsverhandlungen in Vorstellungsgesprächen werden Sie ebenfalls souverän meistern können, wenn Sie über die richtigen Kommunikationstechniken verfügen. Schließlich wollen Sie ja den Gehaltsrahmen so weit wie möglich nach oben hin ausloten.

Sicherheit durch Kommunikationstechniken

In unserer Beratungspraxis üben wir mit unseren Kunden ganz bestimmte Vorgehensweisen. Die Rückmeldungen nach den geführten Gehaltsgesprächen bestätigen immer wieder, dass sich mit diesen Techniken die selbst gesteckten Ziele ohne Probleme erreichen lassen. Die erfolgversprechenden Kommunikationstechniken lauten:

- beschreiben statt bewerten
- auftreten mit Profil
- sich unentbehrlich machen
- überzeugen mit Initiative

Beschreiben statt bewerten

Die Kommunikationstechnik »Beschreiben statt bewerten« verhindert wirksam, zu unterwürfig oder zu arrogant aufzutreten. Personalverantwortliche oder Vorgesetzte werden nicht in eine Abwehrhaltung getrieben, sondern entwickeln die Bereitschaft, sich mit den vorgebrachten Argumenten auch tatsächlich auseinander zu setzen.

So treten Sie souverän auf

Bei der Darstellung der eigenen Leistungen begehen viele Bewerber und Mitarbeiter den Fehler, sich selbst zu stark in Relation zu anderen zu setzen. Dies führt regelmäßig zu den bereits von uns beschriebenen Fehlern, die eigene Leistung zu verleugnen oder sich selbst zu beweihräuchern. Statt die eigenen

Erfolge zu präsentieren werten sich Menschen häufig ab. Die individuellen Erfolge werden dann eher dem Team zugeschrieben, als glücklicher Umstand interpretiert oder unbedeutender gemacht als sie sind. Menschen, die dagegen gerne auftrumpfen, stellen die eigene Arbeit als Glückstreffer für die Firma dar. Mit der Gewohnheit, alles uneingeschränkt gut zu finden, was man selbst macht, ist leider auch die Neigung verbunden, die anderen abzuwerten. **Präsentieren Sie Ihre Erfolge**

Sowohl bei der Abwertung der eigenen Leistung als auch bei übertriebenem Selbstlob kommt im Gehaltsgespräch kein eigentlicher Dialog zustande. Im ersten Fall wird der Gehaltswunsch von der Unternehmensseite nicht ernst genommen werden. Im zweiten Fall werden die Unternehmensvertreter sich bemüßigt sehen, andere Firmenmitglieder gegen Angriffe zu verteidigen, wenn sie sich nicht sogar selbst angegriffen fühlen.

Die übertriebene Aufwertung oder Abwertung eigener Leistungen ist in Gehaltsgesprächen äußerst kontraproduktiv. Der Königsweg, mit dem die Fallen der Selbstanklage beziehungsweise der Selbstbeweihräucherung umgangen werden können, ist die Kommunikationstechnik »Beschreiben statt bewerten«. Um Ihnen die Effekte vor Augen zu führen, die Sie mit einer solchen Vorgehensweise erzielen können, stellen wir Ihnen Umformulierungen von Aussagen mit unnötigen Wertungen vor.

Übertriebene Eigenbewertungen vermeiden

Projektleiterin

Negativ: »Mein Projekt ist am besten vorangegangen. Ohne meinen Einsatz wären wir heute noch nicht fertig.«

Positiv: »Ich war verantwortlich für das Projekt Intranet. Durch rechtzeitig initiierte Änderungen in den Arbeitsabläufen konnte das Tagesge-

Beispiele

schäft ohne Beeinträchtigungen fortgeführt werden. Um die Firmenangehörigen auf die Nutzung des Intranets vorzubereiten, habe ich Schulungsmaßnahmen konzipiert und umgesetzt«.

Marketingreferent

Negativ: »Ständig muss ich mich mit den verkorksten Entwürfen dieser so genannten Kreativen herumschlagen.«

Beispiel 2 *Positiv:* »Meine Aufgabe ist die bessere Einbindung des Produktdesigns in Marketingstrategien. Durch Veränderungen im Erscheinungsbild unserer Produkte konnte ich erhebliche Umsatzsteigerungen erzielen.«

Consultant

Negativ: »Die im Beraterteam entwickelten Strategien waren sicherlich keine besonders innovativen Maßnahmen, aber ich glaube, dass das beratene Unternehmen einen Schritt nach vorne machen konnte.«

Beispiel 3

Positiv: »Bei dem Beratungsergebnis war es entscheidend, dass es auch vom Unternehmen umgesetzt werden konnte. Um dies zu ermöglichen, bedurfte es einer genauen Analyse der Unternehmensvorgänge. Mit einer passgenau zugeschnittenen Lösung habe ich den Kunden für unsere Beratungsleistungen begeistert. Auch die zukünftige Zusammenarbeit ist gesichert.«

Bereichsleiter im Außendienst

Negativ: »In unserer Region stimmen wenigstens die Umsätze, fragen Sie mich nicht, was die Kollegen falsch machen, um so schlechte Verkaufszahlen abzuliefern.«

Beispiel 4

Positiv: »Um die bestmöglichen Ergebnisse mit meiner Vertriebsmannschaft zu erreichen, kümmere ich mich intensiv um jeden Einzelnen meiner Mitarbeiter. Ich gebe ihnen Gesprächsleitfäden an die Hand und trainiere mit ihnen die Umsetzung.«

Ingenieurin

Negativ: »Immer wieder muss ich dann die Fehler der anderen korrigieren. Die männlichen Kollegen neigen ja leider dazu, bei der Arbeit zu schludern.«

Beispiel 5

Positiv: »Ich habe mich im Qualitätsmanagement weitergebildet. Die von mir initiierte Null-Fehler-Strategie beim Übergang zwischen den einzelnen Produktionsstufen hat schon deutliche Qualitätsverbesserungen und Kostensenkungen ergeben.«

Sie haben gesehen, dass die Beschreibung eigener Leistungen sehr aussagekräftig sein kann. Es brauchen gar keine Bewertungen vorgenommen zu werden, um deutlich zu machen, dass man erfolgreich tätig gewesen ist. Die beschreibende Darstellung eigener Leistungen ist das Herzstück eines überzeugenden Selbstmarketing. Nicht nur in Gehaltsverhandlungen, sondern auch im schriftlichen Bewerbungsverfahren, in Vorstellungsgesprächen, beim Networking, in Beurteilungsgesprächen und im Assessment-Center bringt Sie der Verzicht auf unnötige Bewertungen des eigenen Könnens weiter. Bewertungen sind in Karrieregesprächen immer Stolpersteine. Sie fordern den Gesprächspartner auf der Unternehmensseite zum Widerspruch auf, wenn Sie sich zu sehr im Glanz Ihrer Leistungen sonnen. Stellen Sie sich in ein zu schlechtes Licht, wird sich Ihr Zweifel an Ihrer Kompetenz auf den Gesprächspartner übertragen. In beiden Fällen wird es dann im Gespräch weniger um Ihr Profil als um Ihre Selbsteinschätzung gehen. Damit verspielen Sie die Möglichkeit, handfeste Argumente für einen Gehaltssprung überhaupt erst anzubringen.

Beschreibungen sind aussagekräftiger als Wertungen

Selbstverständlich müssen Sie sich zu Ihrer Leistung und Ihren Erfolgen bekennen, hierbei macht aber der Ton die Musik. Es gibt genügend Formulierungen, mit denen Sie Personalverantwortliche oder Vorgesetzte dazu bringen, zuzuhören und sie für sich einzunehmen. Damit Ihnen in Gehaltsverhandlungen der schwierige Spagat zwischen »Mauerblümchen-Ausstrahlung« auf der einen und »Superhelden-Image« auf der anderen Seite gelingt, sollten Sie zur Vorbereitung unsere Übung »Beschreiben Sie Ihre Erfolge« nutzen. Wir haben für Sie Formulierungen zusammengestellt, die Ihnen dabei helfen, Ihre

Bekennen Sie sich zu Ihren Leistungen und Erfolgen

Erfolgsbilanz so zu präsentieren, dass übertriebene Bewertungen von vornherein vermieden werden.

Beschreiben Sie Ihre Erfolge

Greifen Sie zu Ihrer Erfolgsbilanz. Üben Sie nun, Ihre Leistungen, Erfolge und Erfahrungen ohne Eigenbewertung zu vermitteln. Gewöhnen Sie sich schon jetzt an den Gebrauch beschreibender Formulierungen, damit sie Ihnen bis zum Gehaltsgespräch in Fleisch und Blut übergegangen sind. Sie können diese Formulierungen verwenden:

- »Ich habe zusätzlich zum Tagesgeschäft die Aufgaben . . . . und . . . . wahrgenommen.«
- »Ich bin für . . . . und . . . . zuständig.«
- »Ich habe . . . . organisiert.«
- »Das Projekt . . . . wurde von mir geleitet.«
- »Ich habe die Kosten in den Bereichen . . . . und . . . . gesenkt.«
- »Die Sonderaufgaben . . . . und . . . . sind von mir bewältigt worden.«
- »Ich habe Maßnahmen zur . . . . initiiert.«
- »Ich habe mir zusätzliche Kenntnisse in . . . . und . . . . angeeignet.«
- »Die Aufgaben eines . . . . wurden von mir mitbearbeitet.«
- »Meine Verantwortung für . . . . (Personal, Budget, Qualität, Verkaufszahlen) ist gestiegen.«

- »Ich habe mich zusätzlich in die Bereiche . . . . und . . . . eingearbeitet.«
- »Ich habe die bessere Einbindung von . . . . in . . . . vorangetrieben.«
- »Die von mir eingeleiteten Maßnahmen . . . . und . . . . haben sich für das Unternehmen ausgezahlt.«
- »Ich habe Steigerungen des . . . . erzielen können.«

Auftreten mit Profil

Wer ohne Profil auftritt, rutscht leicht aus. Auch in Gehaltsverhandlungen ist Ihr Profil gefragt und dies ist ebenfalls eine Frage der Selbstdarstellung. Die Kommunikationstechnik »Auftreten mit Profil« sollten vor allen Dingen diejenigen berücksichtigen, die Gehaltsverhandlungen führen, weil sie intern aufsteigen oder zu einem anderen Unternehmen wechseln wollen. Steht bei Gehaltsgesprächen der Karrieresprung im Mittelpunkt, ist als Besonderheit zu beachten, dass die Aktivposten aus der Erfolgsbilanz gefiltert und griffig verpackt werden müssen. Die Sicht der Unternehmensseite sollte bei der passgenauen Ausarbeitung Ihres Profils im Vordergrund stehen.

Stellen Sie sich die gleichen Fragen, die auch Unternehmensvertreter beschäftigen: Was hebt den Kandidaten aus der Masse heraus? Warum sollte ich diesem Kandidaten den Zuschlag geben? Welche Qualifikationen werden umgehend einsetzbar sein?

Nehmen Sie die Unternehmensperspektive ein

Weder die bloße Nennung der Berufsbezeichnung noch weitschweifige Ausführungen über bisherige berufliche Tätigkeiten sind geeignet, um Ihr Profil angemessen zu vermitteln.

In der Gehaltsverhandlung kommt es darauf an, in möglichst kurzer Zeit möglichst aussagekräftig zu argumentieren. Dies gelingt Ihnen, wenn Sie auf erfolgreich ausgeübte Tätigkeiten eingehen und darauf achten, dass diese Tätigkeiten auch eine Relevanz für die neue Position haben. Verlieren Sie im Gehaltsgespräch das Anforderungsprofil der neuen Stelle aus dem Blick, werden Sie Ihre Gehaltswünsche nicht realisieren können.

Langatmige und zu knappe Profildarstellungen

Strebt eine Mitarbeiterin aus dem Vertriebsaußendienst eine Position als Account Managerin an, sollte sie in ihrer Gehaltsverhandlung belegen, dass sie die Anforderungen der neuen Position optimal erfüllt.

Beispiel

Negativ-beispiel

Sie verspielt die Chance, ihre Gehaltsvorstellungen durchzusetzen, wenn sie sich zu weitschweifig präsentiert: »Ich bin nun schon seit einiger Zeit im Außendienst tätig. Die Arbeit war immer interessant für mich. Meine schnelle Auffassungsgabe kam mir für die Arbeit ebenso zugute wie mein technisches Know-how im Bereich Datenkommunikation. Bei der Zusammenarbeit mit dem Innendienst war auch meine Teamfähigkeit gefragt. Es ist für mich jetzt an der Zeit mich beruflich zu verändern, daher möchte ich gerne aufsteigen. Ein Gehalt so um die 50 000 Euro entspräche meinen Vorstellungen.«

Eine zu knappe Darstellung des Profils hilft ebenfalls nicht weiter: »Ich bin Vertriebsbeauftragte und kenne daher das Geschäft. Die neue Herausforderung ist für mich interessant, wenn das Gehalt über 50 000 Euro liegt.«

Begründen Sie Ihren Gehaltswunsch

In der langatmigen Version aus dem Negativbeispiel kommt die Mitarbeiterin aus dem Vertriebsaußendienst nicht auf den Punkt. Es werden weder spezielle Erfahrungen, Kenntnisse und Fähigkeiten noch besondere Erfolge deutlich, die Personalverantwortlichen oder Vorgesetzten signalisieren, dass es sich für das Unternehmen lohnt, die Bewerberin auch für ein höheres

Gehalt einzukaufen. Auch der Telegrammstil läuft ins Leere. Eine inhaltliche Argumentation unter Rückbezug auf die zu vergebende Stelle Account Managerin findet überhaupt nicht statt. Man gewinnt den Eindruck, dass die Kandidatin ausschließlich an mehr Gehalt interessiert ist. Gehaltsgespräche dürfen aber nicht abgekoppelt vom Anforderungsprofil des Unternehmens stattfinden. Auch beim Gehaltswunsch besteht Begründungsbedarf. Am besten lässt sich ein Profil vermitteln, wenn es rund um Schlagworte aufgebaut wird, mit denen sich das Unternehmen identifizieren kann.

Beziehen Sie sich auf die zu vergebende Stelle

Ein informatives und schlüssiges Profil

Beispiel

Positivbeispiel

Mit dieser Selbstdarstellung vermittelt die Vertriebsmitarbeiterin bereits im Gehaltsgespräch die Vorstellungen von der zukünftigen Account Managerin: »Ich bin momentan verantwortlich für die Neuakquisition, die Kundenbetreuung und die Gebietsstrukturierung. Neben meiner Tätigkeit im Außendienst habe ich Umsatzprognosen erstellt, Verkaufsprogramme entwickelt und Maßnahmen der Verkaufsförderung umgesetzt. Zusammen mit dem Fachhandel habe ich Marketingaktionen initiiert und Sonderverkaufsausstellungen organisiert. Die Marktstellung der Produkte ist während meiner Tätigkeit erheblich ausgebaut worden. Ich habe es erreicht, dass die von mir betreuten Produkte in jeder Filiale der großen Fachhandelsketten vertreten sind. Ich bin auch weiterhin gern bereit, einen Teil meines Gehalts erfolgsbezogen zu gestalten. Das Fixum sollte aber nicht unter 50 000 Euro liegen.«

Der gezielte Einsatz von Schlagworten sichert die Aufmerksamkeit des Unternehmensvertreters. Er bestätigt ihm, dass es richtig war, mit gerade dieser Kandidatin in die Gehaltsverhandlungen einzusteigen. Das Profil wird noch einmal knapp aber aussagekräftig in den Raum gestellt. Damit kann der Unternehmensvertreter sich ein weiteres Mal versichern, die richtige Frau für den Job gefunden zu haben. Die herausgestellten

Erfolge dienen der Begründung des Gehaltswunsches. Es ist abzusehen, dass sich die Einstellung der Vertriebsfrau für das Unternehmen auszahlen wird.

Sich unentbehrlich machen

Eine gute Ausgangsposition für Gehaltsgespräche verschaffen sich diejenigen Mitarbeiter oder Bewerber, die auf die Kommunikationstaktik »Sich unentbehrlich machen« zurückgreifen **Zeigen Sie** können. Sind Sie die einzige Marketingexpertin für Direktmai- **Ihre indivi-** lingaktionen? Läuft in der Firmen-EDV nichts ohne Ihr Wissen **duellen** als Systemadministrator? Haben Sie als Vertriebsleiter zu wich- **Stärken** tigen Großkunden einen guten Draht? Können Sie als Logistikspezialistin als Einzige mit den Tücken der automatisierten Lagerhaltung fertig werden? Dann haben Sie in Gehaltsverhandlungen einiges an schwergewichtigen Argumenten zu bieten.

Natürlich dürfen Sie im Gehaltsgespräch keinen Erpressungsversuch nach dem Motto »Wenn ich gehe, bricht alles zusammen!« starten. Verlassen Sie sich auch nicht darauf, dass Ihre Unentbehrlichkeit als einziges Argument ausreicht, um **Unentbehr-** Gehaltssteigerungen durchzusetzen. Dennoch haben Sie einen **lichkeiten als** besonderen Trumpf in der Hand, den Sie zusätzlich ausspielen **besonderer** können. Wie auch bei den anderen Argumenten für eine Ge- **Trumpf** haltssteigerung kommt es ganz entscheidend auf Ihre Vermittlungsfähigkeiten an.

Pochen Sie zu sehr auf Ihre Unentbehrlichkeit, werden Vorgesetzte Sie als schwierigen Mitarbeiter einstufen, der sich gern hinter seinen Fachkenntnissen versteckt, für den aber soziale Kompetenz im Sinne von Gesprächsbereitschaft und Kooperationsfähigkeit ein Fremdwort ist. Passen Sie auf, dass Sie keinen Scheinerfolg erringen, indem Sie Ihre Unentbehrlichkeit als Druckmittel einsetzen. Vielleicht sieht die Unternehmensseite sich gezwungen, auf Ihre Forderungen einzugehen, bereitet aber in der Folgezeit klammheimlich Ihre Ablösung durch einen anderen Mitarbeiter vor. Gerade bei Umstrukturierungen in Unternehmen haben es Mitarbeiter schon schmerzlich erfahren müssen, dass ihre Selbsteinschätzung, unverzichtbar zu sein, von Personalverantwortlichen als mangelnde Flexibilität gedeutet wurde. Bei geänderten Arbeitsabläufen waren sie dann plötzlich entbehrlich geworden.

Daher sollten Sie die Argumente für Ihre Unentbehrlichkeit, wie beispielsweise gute Kundenkontakte, gute Kenntnisse der Unternehmensstruktur, besonders kreatives Potenzial oder überdurchschnittliches Engagement stets geschickt in Ihr Profil integrieren. Die Erkenntnis, dass Sie für das Unternehmen unentbehrlich sind, sollte sich im Kopf des Personalverantwortlichen von allein einstellen. Wenn Sie zu sehr auf Ihrer Unentbehrlichkeit herumreiten, rufen Sie bei Vorgesetzten Trotz hervor. Ihre Argumente für einen Gehaltssprung werden dann deutlich kritischer bewertet, als es bei einer sachlichen Gesprächsführung der Fall wäre. Das Risiko, dass sich der Vorgesetzte dann insgeheim denkt: »Kein Mensch ist auf Dauer unersetzlich«, ist zu groß.

Integrieren Sie Ihr Leistungspotenzial in Ihr Profil

Technische Sachzwänge

Beispiel

Negativbeispiel

Ein Programmierer setzt das Wohlwollen seines Vorgesetzten aufs Spiel, wenn er im Gehaltsgespräch so vorgeht: »Sie wissen ja sicherlich, dass ich der Einzige in der Abteilung bin, der die Fehlersuche in Quellcodes richtig beherrscht. Bis sich jemand so tief in die Materie eingearbeitet hat wie ich, müssten Sie bestimmt mehr Geld ausgeben, als Sie eine Gehaltserhöhung für mich kostet.«

Auch wenn der Programmierer Recht haben sollte: Mit der Art und Weise, in der er seine Unersetzbarkeit vorträgt, greift er den Vorgesetzten unmittelbar an. Statt zu einer Gehaltsverhandlung zu kommen, wird ein Machtkampf um die Vorrangstellung in der Abteilung angezettelt. Der Vorgesetzte wird sich dann kaum noch überlegen, ob eine Gehaltserhöhung für den Mitarbeiter gerechtfertigt ist. Er wird sich vielmehr damit beschäftigen, seine eigene Position zu sichern und den Mitarbeiter in seine Schranken zu verweisen. Besser ist es, wenn der Programmierer es erst gar nicht auf eine Kraftprobe ankommen lässt und stattdessen seinen Nutzen für die Abteilung und damit für das Unternehmen thematisiert.

In einem Boot

Positiv-
beispiel

Geschickter wäre es, wenn der Programmierer seine Unentbehrlichkeit in den allgemeinen Nutzen seiner Arbeit einbaut und damit seinem Vorgesetzten vermittelt, dass seine Arbeitsergebnisse auch die Erfolgsbilanz des Chefs verbessern: »Damit wir den Kunden nicht zum Tester für unsere Software-Produkte machen, ist es wichtig, die Fehlerfreiheit zu garantieren. Im letzten Jahr habe ich mich umfassend mit Fehleranalysen auseinander gesetzt, und ich kann jetzt Störfälle weitestgehend ausschließen. Mein Engagement in der Fehleranalyse und -beseitigung würde ich gerne fortsetzen. Ich baue darauf, dass das Unternehmen bereit ist, diese besonderen Leistungen auch finanziell zu würdigen.«

So argumentieren Sie aus einer Position der Stärke

Souveränes Auftreten hilft auch in Gehaltsverhandlungen. Wenn Sie aus einer Position der Stärke heraus argumentieren können, sollten Sie diesen Vorteil nutzen. Achten Sie aber darauf, dass Sie nicht leichtsinnig werden und Ihren Gesprächspartner vor den Kopf stoßen. Betonen Sie lieber, dass Ihre (unersetzlichen) Leistungen dem Unternehmenserfolg dienen und dass auch zukünftig auf Sie zu bauen ist.

Mitarbeiterinnen und Mitarbeiter mit Initiative sind gefragt. Wer Impulse für die Verbesserung von Arbeitsabläufen gibt, abteilungsübergreifende Arbeitsgruppen initiiert, Sonderaufgaben übernimmt oder sich aktiv um seine Weiterbildung kümmert, kann auf Anerkennung durch das Unternehmen zählen. Die Unternehmen haben längst erkannt, dass die Mitarbeiter vor Ort oft viel besser wissen, wo Veränderungen nutzbringend und Verbesserungen erforderlich sind. Es gibt Unternehmen, die für Verbesserungsvorschläge Prämien zahlen. Meistens muss man die finanzielle Anerkennung dafür aber nach wie vor über Gehaltsgespräche erzielen. Sowohl in Beurteilungsgesprächen als auch in Vorstellungsgesprächen ist die Initiative von Beschäftigten zugunsten ihres Arbeitgebers gern gesehen. Die Darstellung Ihres Engagements wird Ihnen bei Gehaltsverhandlungen Vorteile verschaffen.

Eigeninitiative bringt Ihnen Vorteile

Wenn Sie Ihre Erfolgsbilanz auswerten und Belege für von Ihnen initiierte Maßnahmen finden, sollten Sie diese im Gehaltsgespräch nicht unter den Tisch kehren. Wichtig dabei: Verfallen Sie nicht auf das bloße Aufzählen von Ideen und Vorschlägen, erläutern Sie stattdessen kurz, zu welchen Ergebnissen Ihre Anstrengungen geführt haben. Reichern Sie Ihr Profil an, indem Sie auf von Ihnen gesetzte Impulse und deren positive Auswirkungen eingehen. So entsteht bei Personalverantwortlichen und Vorgesetzten das Bild eines engagierten Mitarbeiters, der über den eigenen Tellerrand blickt und so das Unternehmen voranbringt.

Weisen Sie auf die positiven Auswirkungen Ihrer Arbeit hin

Achten Sie darauf, dass Sie Ihre Initiative anhand von Beispielen vermitteln. Es wird Ihnen nicht gelingen, Personalverantwortliche oder Vorgesetzte zu beeindrucken, wenn Sie nur Floskeln aus dem Soft Skill-Bereich von sich geben.

Was heißt hier engagiert?

Beispiel

Negativ-
beispiel

Eine Betriebsleiterassistentin macht ihren besonderen Ideenreichtum und ihren Blick für Verbesserungen nicht deutlich, wenn sie sich im Gehaltsgespräch so darstellt: »Ich bin stets mit Einsatzfreude bei der Sache und arbeite immer motiviert. Besonderes Engagement ist für mich selbstverständlich und ich habe auch schon viele Entwicklungen im Unternehmen angekurbelt. Mein tatkräftiger Einsatz für die Firma sollte doch auch finanziell gewürdigt werden.«

Mit diesen oberflächlichen Begründungsversuchen und allgemein gehaltenen Leistungsbeschreibungen wirkt die Betriebsleiterassistentin eher abgehoben als in ihren beruflichen Aufgaben verwurzelt. Werden Leerfloskeln aus dem Bereich der sozialen Kompetenz, wie beispielsweise Engagement, Gestaltungswille, Durchsetzungsvermögen, Leistungsbereitschaft oder unternehmerisches Denken in Beurteilungs- oder Vorstellungsgesprächen ohne Belege in den Raum geworfen, hinterlassen sie keine bleibende Wirkung. Personalverantwortliche und Vorgesetzte müssen erkennen können, was an persönlicher Leistung dahinter steht. Ohne konkrete Belege wirken solche Floskeln aufgesetzt und auswendig gelernt. Ein »Mehr an Gehalt« lässt sich nur durch ein »Mehr an Leistung« rechtfertigen. Mitarbeiter und Bewerber müssen deutlich machen, was sie konkret initiiert haben und was das dem Unternehmen dann gebracht hat.

Initiative mit Belegen

Beispiel

Erst durch konkrete Belege wird das besondere Engagement der Betriebsleiterassistentin nachvollziehbar: »Ich strebe eine Gehaltserhöhung an: Um die Verkaufsförderungsmaßnahmen zu optimieren habe ich mich nach Geschäftsschluss mit repräsentativ ausgewählten Filialleitern zusammengesetzt und die optimale Positionierung von Displays direkt in den Verkaufsräumen geplant. Dieses zusätzliche Engagement ist sehr gut bei den Handelspartnern angekommen. Inzwischen ist offiziell der Wunsch anderer Filialleiter an das Unternehmen herangetragen worden, auch bei ihnen vor Ort zu planen. Ich bin gerne bereit, mich dieser Aufgabe zu stellen, wenn meine Freizeitverluste finanziell ausgeglichen werden.« Positivbeispiel

Nachdem wir Sie auf häufige Vermittlungsfehler in Gehaltsgesprächen hingewiesen haben und Ihnen erfolgversprechende Kommunikationstaktiken für die Erläuterung Ihrer Erfolgsbilanz vorgestellt haben, sind Sie am Zug: Bereiten Sie nun eine schlüssige Darstellung Ihrer Aktivposten vor.

Trainieren Sie Ihren Auftritt

Ihre Gründe für eine Gehaltserhöhung sind das zentrale Element in der Vorbereitung auf Gehaltsgespräche. Wenn Sie für sich selbst die Frage »Warum sollten wir Ihnen mehr Gehalt zahlen?« beantworten können, sind Sie einen entscheidenden Schritt weiter. Das Gehaltsgespräch bekommt erst dann den Charakter einer Verhandlung, wenn Sie Ihre Erfolge überzeugend vermitteln können. Ohne eine inhaltliche Basis werden sich im Gespräch nur Anspruchsdenken und Verweigerungshaltung unversöhnlich gegenüberstehen. Schlagen Sie eine Brücke, gehen Sie mit Ihren Argumenten auf den Personalverantwortlichen oder Vorgesetzten zu. Nur so ermöglichen Sie ihm im Gegenzug auch auf Ihre Wünsche einzugehen. Präsentieren Sie eine Entscheidungsvorlage

Behalten Sie immer im Hinterkopf, dass der Personalverantwortliche oder Vorgesetzte oft nur der Überbringer Ihrer Gehaltswünsche ist. Bereiten Sie die Präsentation Ihrer Begründungen für einen Gehaltssprung deshalb wie eine Entscheidungsvorlage auf. Argumentieren Sie nachvollziehbar und machen Sie den Wert Ihrer Arbeitsleistungen für das Unternehmen deutlich.

Ohne Argumentationsbasis werden Sie sich im Gehaltsgespräch unsicher fühlen. Mit Ablehnungsversuchen und Gesprächstaktiken der Gegenseite werden Sie dann garantiert Ihre Schwierigkeiten bekommen. Wenn Sie ins Wanken geraten, wird von der ins Auge gefassten Gehaltserhöhung nicht viel übrig bleiben. Üben Sie daher, Ihre Aktivposten in einem Vortrag darzustellen. Je mehr Ihnen die Vermittlung Ihrer Argumente für einen Gehaltssprung in Fleisch und Blut übergeht, desto sicherer werden Sie sich fühlen, wenn es dann so weit ist. Werden Sie zu einem souveränen Verhandlungspartner für Vorgesetzte und Personalverantwortliche und schaffen Sie eine ergebnisorientierte Gesprächsatmosphäre.

Üben Sie Ihre Argumentation

Richtig in Szene gesetzt

Damit Sie nicht in Ihrer Gehaltsverhandlung mühsam nach Worten ringen müssen, können Sie nun üben, Ihre Gehaltswünsche zu formulieren. Die Übung »Richtig in Szene gesetzt« orientiert sich an unseren Ausführungen zur optimalen Vermittlung Ihrer Erfolgsbilanz und verläuft in drei Schritten.

Schritt 1: Beginnen Sie damit, Ihre Argumente für eine Gehaltserhöhung in einem etwa zweiminütigen Kurzvortrag zusammenzufassen. Achten Sie darauf, dass Sie alle Aktivposten herausstellen und besondere Erfolge erwähnen.

Schritt 2: Überprüfen Sie Ihren Kurzvortrag auf Vermittlungsfehler:

- Haben Sie eigene Leistungen unter den Tisch fallen lassen?
- Sind Sie zu forsch vorgegangen und haben Ihre Leistungen übertrieben dargestellt?
- Finden sich Allgemeinplätze und Floskeln in Ihrem Vortrag?
- Thematisieren Sie in Ihrem Kurzvortrag Ihre eigenen Leistungen oder haben Sie falsche Begründungen für eine Gehaltserhöhung geliefert?
- Schwelgen Sie in zukünftigen Möglichkeiten und haben deswegen aktuelle Erfolge vergessen?

Am besten lässt sich Ihr Vortrag analysieren, wenn Sie sich dabei mit einer Videokamera aufzeichnen lassen oder einen Freund bitten, ihn anhand unserer Vorgaben auszuwerten.

Schritt 3: Optimieren Sie die Vermittlung Ihrer Erfolgsbilanz mit den von uns vorgestellten Kommunikationstechniken:

- Ersetzen Sie überzogene Bewertungen durch beschreibende Formulierungen.
- Präsentieren Sie Ihr Profil informativ und schlüssig.
- Lassen Sie gegebenenfalls anklingen, dass Sie unentbehrlich sind, ohne dabei Druck auszuüben.
- Stellen Sie besonderes Engagement anhand von Beispielen dar.

Wenn Sie einen Kurzvortrag entwickelt haben, mit dem Sie zufrieden sind, sollten Sie ihn stichwortartig fixieren und ihn so oft wiederholen, dass Sie ihn jederzeit wieder abrufen können.

So vermitteln Sie Ihre Erfolge

- Bereiten Sie sich auf die Vermittlung Ihrer Erfolgsbilanz vor. Es reicht nicht aus, gut zu arbeiten, Sie müssen auch andere von Ihren Leistungen überzeugen können.

- Ohne argumentative Basis ergibt sich im Gehaltsgespräch ein unproduktives Hin und Her. Bei fehlenden Begründungen wird das Unternehmen Sie auflaufen lassen.

- Vorgesetzte und Personalverantwortliche müssen sich ihre Gehaltszusagen meistens von oben absegnen lassen. Stellen Sie Ihre Erfolgsbilanz so dar, dass sie auch weitervermittelt werden kann.

- Typische Fehler in Gehaltsverhandlungen sind:
  - die eigene Leistung verleugnen
  - übertriebene Selbstdarstellung
  - Allgemeinplätze und Floskeln verwenden
  - falsche Begründungen liefern
  - den Gegenwartsbezug nicht herstellen

- Um Gehaltserhöhungen zu erzielen, müssen Sie Ihre Leistungen individuell belegen können. Der Verweis auf das Team hilft nicht weiter.

- Selbstbeweihräucherung macht Mitarbeiter und Bewerber unglaubwürdig.

- Der Versuch eigene Leistungen durch die Abwertung anderer Kollegen in besseres Licht zu rücken, schlägt fehl. Unternehmensvertreter werden dadurch gezwungen, sich auf die Seite der Angegriffenen zu stellen.

- Allgemeinplätze und Floskeln veranlassen die Unternehmensseite dazu, ihrerseits Phrasen zu dreschen. Eine produktive Gehaltsverhandlung wird unmöglich.

- Der Wunsch nach einer Gehaltserhöhung muss in beruflichen Leistungen begründet sein. Private Gründe überzeugen nicht und machen den fordernden Mitarbeiter zum Bittsteller.

- Begründen Sie Gehaltsforderungen nicht mit leeren Versprechungen. Verweisen Sie auf bereits Geleistetes, um Ihr Potenzial konkret zu belegen.
- Greifen Sie bei der Vermittlung Ihrer Erfolgsbilanz zu diesen Kommunikationstechniken:
  - beschreiben statt bewerten
  - auftreten mit Profil
  - sich unentbehrlich machen
  - überzeugen mit Initiative
- Verzichten Sie auf übertriebene Bewertungen Ihrer Leistungen. Mit der beschreibenden Darstellung Ihrer beruflichen Erfolge gelingt Ihnen ein überzeugendes Selbstmarketing.
- Eine prägnante Kurzdarstellung Ihrer Leistungen ist unverzichtbar. Verdichten Sie Ihr Profil mit dem gezielten Einsatz von Schlagworten.
- Werden Sie nicht leichtsinnig, wenn Sie an Ihrem momentanen Arbeitsplatz so gut wie unentbehrlich sind. Betonen Sie, dass Ihre Leistungen dem Unternehmenserfolg dienen und dass auch zukünftig auf Sie zu bauen ist.
- Vermitteln Sie besondere Initiativen immer anhand von Beispielen und machen Sie die positiven Auswirkungen der von Ihnen gesetzten Impulse deutlich.
- Gehen Sie nicht unvorbereitet in Gehaltsgespräche. Verschaffen Sie sich Sicherheit, indem Sie die Vermittlung Ihrer Gehaltsargumente vorher trainieren.

4

Geld, Freizeit, Sonderleistungen – bewährte und neue Elemente im Gehaltspoker

Es gibt viele Möglichkeiten, das Gehalt aufzubessern. Neben monetären Leistungen sind auch nichtmonetäre Elemente interessante Gehaltskomponenten. In vielen Unternehmen ist die Entlohnung individueller geworden. Das Cafeteria-System, das Ihnen Wahlmöglichkeiten einräumt, verbreitet sich immer weiter. Verschaffen Sie sich in diesem Kapitel einen Überblick über die unterschiedlichen Bestandteile von Vergütungspaketen.

Entlohnungssysteme sind viel flexibler geworden, als es noch vor einigen Jahren üblich war. Selbst Personalprofis haben heutzutage Schwierigkeiten damit, Gehälter vergleichbar zu machen. In das Gehaltspaket gehört nicht nur das monatliche Festgehalt, sondern auch einmalige Prämien, regelmäßige Provisionen, Sonderzahlungen, Weiterbildungszuschüsse und Sachzuwendungen.

Mobile Gehaltskomponenten

Beispiel

Ein norddeutsches Unternehmen aus der Telekommunikationsbranche bietet seinen Angestellten neben dem üblichen Gehalt folgende Sonderleistungen: Mitarbeiter, die nicht arbeitsbedingt einen Geschäftswagen gestellt bekommen, können für 125 Euro im Monat Zugriff auf ein Firmenauto der Golf-Klasse erhalten. In diesem Betrag sind auch die Betriebskosten inklusive Treibstoff bis zu einer Laufleistung von 25 000 Kilometern pro Jahr und ein Satz Winterreifen enthalten. Daneben können von den Mitarbeitern PKWs der Hausmarke beim Autogroßhändler zum

günstigen Flottenrabatt erworben werden. Jeder Monat, der ohne Krank-
meldung absolviert wurde, wird mit einem dreiprozentigen Gehaltsauf-
schlag belohnt. Das firmeneigene Fitness-Studio kann kostenfrei benutzt werden, der Kindergarten ist im Bau. Mineralwasser und Obst
stehen in allen Abteilungen bereit. Für Verbesserungsvorschläge werden
Prämien bis zu einem vierstelligen Eurobetrag ausgeschüttet.

Sie sehen an unserem Beispiel, dass die Möglichkeiten, das Realeinkommen zu erhöhen, nicht auf eine Gehaltserhöhung beschränkt sind. In Verhandlungen mit Ihrem derzeitigen Arbeitgeber, aber auch mit einem neuen Arbeitgeber, können Sie **Gewinn-**
unterschiedliche Gehaltsoptionen nutzen. **bringende**

Nicht alle Gehaltskomponenten bringen Ihnen so viele Vor- **Gehalts-**
teile, dass Sie unbedingt darum kämpfen müssten. Das bezu- **komponenten**
schusste Kantinenessen allein nützt Ihnen nicht viel, wenn Sie
mit einem niedrigen Fixgehalt leben müssen. Grundsätzlich
sollten Sie unterscheiden, ob die einzelnen Elemente des Ge-
haltskorbes eher dem Personalmarketing nach innen und au-
ßen dienen, oder tatsächlich einen nennenswerten Geldvorteil
für Sie bedeuten. In einigen Start-ups wurde beispielsweise sehr
viel vom kostenlosen Wäsche- und Einkaufsservice geredet, dabei wurde nicht erwähnt, dass nur sehr selten Urlaubs- und
Weihnachtsgeld gezahlt wurde.

Die Vergütungssysteme in den Unternehmen sind in den
letzten Jahren flexibler geworden, weil der Trend zur Individua-
lität auch am Arbeitsplatz durchschlägt. Dies hat zu teilweise **Vergütungs-**
merkwürdigen Entwicklungen geführt. Es gibt Unternehmen, **systeme sind**
in denen mittlerweile in Gehaltsgesprächen ein verbissener **flexibel**
Kampf um die Aluminiumfelgen, den Schaltknüppel aus Edel-
holz oder das Lederlenkrad des Dienstwagens geführt wird.
Personalverantwortliche stöhnen gelegentlich über die Sehn-
sucht der Mitarbeiter nach Statussymbolen.

Es lohnt sich für Sie auf alle Fälle, über die Möglichkeiten
informiert zu sein, mit denen Sie Ihr Realeinkommen erhöhen

können. Dabei spielen auch steuerliche Aspekte eine Rolle. Reine Gehaltserhöhungen werden stark durch die Steuern und Sozialleistungen reduziert. Steuerfreie Zuwendungen können für Sie einen höheren Nettogewinn bedeuten und die Schlagkraft Ihrer Argumente erhöhen: Schließlich haben auch Arbeitgeber ein offenes Ohr für die Absicht, dem Finanzminister ein Schnippchen zu schlagen.

Schlagen Sie dem Finanzamt ein Schnippchen

Nicht in allen Unternehmen finden Sie die gleichen Gehaltselemente. Die Gestaltungsmöglichkeiten variieren: Konzerne bieten andere Gehaltskomponenten als mittelständische Unternehmen. In Start-ups sieht die Gehaltszusammensetzung anders aus als im öffentlichen Dienst. Als Stellenwechsler müssen Sie die unterschiedliche Zusammensetzung der Gehälter berücksichtigen, um Ihre Gehaltsziele verwirklichen zu können. Für Sie als Mitarbeiter hat die jeweilige Unternehmensform Auswirkungen darauf, über welche Gehaltssonderleistung Sie verhandeln können.

Wir erläutern Ihnen nun die Vergütungssysteme in unterschiedlichen Unternehmensformen. Anschließend machen wir Sie mit den Besonderheiten der Zusatz- und Sonderleistungen im Vergütungspaket vertraut.

Vergütungssysteme in unterschiedlichen Unternehmensformen

Wenn Sie sich mit Vergütungssystemen beschäftigen, müssen Sie auch immer Ihre Karrieremöglichkeiten in der jeweiligen Unternehmensform im Blick behalten. Mit dem Aufstieg im eigenen Unternehmen sind Sie auf einem guten Weg zu einer Gehaltserhöhung.

Es kommt auf die (Unternehmens-) Form an

Es gibt in den unterschiedlichen Unternehmensformen keine allgemeinen Standards der Personalentwicklung und Karriereplanung. Konzerne, mittelständische Unternehmen, Start-ups und öffentlicher Dienst unterscheiden sich deutlich in ihren jeweiligen Möglichkeiten, aufzusteigen oder Gehaltserhöhungen zu erzielen.

Konzerne

Die Aufstiegsmöglichkeiten und Karriereoptionen sind in Konzernen allein wegen der Größe recht vielfältig. Konzerne haben eine eigene Abteilung für Personalentwicklung, die sich um den Führungsnachwuchs kümmert, Weiterbildungsprogramme anbietet und den Wechsel zu Konzerntöchtern oder in Auslandsniederlassungen koordiniert.

Personalentwicklung: die Stärke der Konzerne

Regelmäßige Mitarbeiterbeurteilungen, auch Karrierezielgespräche genannt, begleiten die Maßnahmen der Personalentwicklung. Der Aufstieg in der Firmenhierarchie oder die Teilnahme an Entwicklungsprogrammen sind ein Garant für Gehaltssteigerungen. Die Sonderleistungen, die Mitarbeiter erhalten können, umfassen ein weites Spektrum. Sie reichen von günstigen Mitarbeiterversicherungen über subventioniertes Kantinenessen bis hin zur Monatskarte für den öffentlichen Nahverkehr.

Waren leistungsbezogene Prämien ursprünglich nur für das obere Management und Vertriebsmitarbeiter vorgesehen, so führt die Verflachung der Unternehmenshierarchien mittlerweile dazu, dass auch im mittleren Management variable Gehaltsbestandteile zu finden sind. Die Möglichkeiten, in einem Beurteilungsgespräch finanzielle Leistungen durchzusetzen, sind gewachsen. Den vielfältigen Chancen stehen hier allerdings die Anonymität der Mitarbeiter, die interne Konkurrenz und die zumeist eingegrenzten Verantwortungs- und Gestaltungsspielräume gegenüber. Auch wenn regelmäßige Beurteilungsgespräche durchgeführt werden, entscheidet das Engagement des einzelnen Mitarbeiters: Nur wer über ein gutes

Variable Gehaltsbestandteile durch flache Hierarchien

Selbstmarketing verfügt und Initiative bei seiner Weiterentwicklung zeigt, wird seine Gehaltswünsche durchsetzen können.

Mittelständische Unternehmen

Schnelle Übernahme von Verantwortung im Mittelstand Im Mittelstand können Mitarbeiter umfangreiche Gestaltungsmöglichkeiten vorfinden. Es wird schneller Verantwortung übernommen, und die Trennung der einzelnen Unternehmensbereiche ist nicht so ausgeprägt wie in Konzernen. Die Betreuung komplexer Arbeitsaufgaben kann damit eher erfolgen, wird allerdings oft auch als selbstverständlich vorausgesetzt. Erfolge im Sinne überdurchschnittlichen Engagements müssen daher besonders gut verkauft werden können.

Aktive Gestaltung der Gehaltsentwicklung Da eine eigene Personalentwicklung in mittelständischen Unternehmen noch lange nicht üblich ist, sind die Anforderungen an die Eigeninitiative der Mitarbeiter höher: Gehaltssteigerungen müssen vom Mitarbeiter aktiv angegangen werden. Systematische Förderprogramme und konsequente Karrierepläne fehlen in der Regel. Vergütungspakete werden dafür flexibler gestaltet. Sonderleistungen sind oft nicht festgelegt, sondern müssen vom Mitarbeiter erhandelt werden. Dem Vorteil, sich sein Gehalt aus mehreren Bausteinen zusammensetzen zu können, steht der Nachteil gegenüber, seine Wünsche besonders nachdrücklich vertreten zu müssen.

Start-ups

Die Euphorie, mit der Start-ups als moderne und innovative Arbeitgeber gesehen wurden, ist verflogen. Aktienoptionen für Mitarbeiter sind nicht länger der Königsweg zur Motivation. Der Traum, mit viel Einsatz exorbitante Gehälter erzielen zu können, ist geplatzt. Dennoch wäre es falsch, in Start-ups grundsätzlich uninteressante Arbeitgeber zu sehen.

Das Besondere an Start-ups ist das ausgeprägte unternehmerische Denken: Leistungsorientierte Gehaltsmodelle sind weit verbreitet. Mit den Mitarbeitern werden Zielvereinbarungen ausgehandelt, die, wenn sie erfüllt werden, ein überdurchschnittliches Einkommen ermöglichen. Die Gimmicks der New Economy wie Massagen am Arbeitsplatz, kostenlose Pizzalieferung oder günstige Fitnesskurse hatten Signalwirkung für die Old Economy: Manche Zusatzleistung ist übernommen worden, um auch dort für eine gute Arbeitsatmosphäre zu sorgen. Als variable Gehaltselemente, sozusagen in Naturalien ausbezahltes Gehalt, sollten sie aber nicht überbewertet werden. Der bereitstehende Korb mit frischem Obst darf Sie nicht dazu veranlassen, ein Grundgehalt unter dem Existenzminimum zu akzeptieren.

Ausgeprägtes unternehmerisches Denken in Start-ups

Öffentlicher Dienst

Die Elemente der Personalentwicklung im öffentlichen Dienst lauten: Laufbahn und Dienstalter. Beginnend mit dem Vorbereitungsdienst und endend mit der Pensionierung ist der berufliche Werdegang weitestgehend vorherbestimmt. Es gibt nur wenig Spielräume für individuelle Gehaltsverhandlungen. Der öffentliche Dienst interessiert sich erst langsam für die Idee leistungsbezogener Elemente. Beispielsweise gibt es vereinzelt interne Verbesserungswettbewerbe mit der Möglichkeit, eine Prämie zu erhalten. Generell werden Gehaltssprünge aber nicht verhandelt, sie erfolgen automatisch. Auch Extraleistungen wie Zusatzversicherungen, Gewinnbeteiligungen oder Provisionen sind nicht vorgesehen. Dafür wird die private Situation auch im Gehalt gewürdigt: Für Kinder und Ehepartner wird ein Zuschlag gezahlt.

Wenig Spielräume für individuelle Verhandlungen

Das Grundgehalt bemisst sich nach dem Dienstalter und wird turnusgemäß erhöht. Im Ortszuschlag wird die familiäre Situation berücksichtigt; daneben gibt es auch örtliche Sonderzuschläge. Zulagen sind selten und werden an bestimmte Einsatzbereiche oder Einsatzgebiete gekoppelt, beispielsweise bei Auslandseinsätzen.

Automatische Gehaltserhöhungen im öffentlichen Dienst

Es ist schwierig, im öffentlichen Dienst individuelle Gehaltssteigerungen verhandeln zu können. In Ausnahmefällen ist der Sprung in eine höhere Tarifgruppe möglich. Hierzu bedarf es aber gründlicher Überzeugungsarbeit, gelegentlich auch einer prozessualen Auseinandersetzung.

Gehaltsbestandteile, Zusatz- und Sonderleistungen

Personalverantwortliche sprechen, wenn es um Zusatz- und Sonderleistungen geht, gern vom Cafeteria-System. Die Mitarbeiter können sich ihr Vergütungspaket je nach individuellen Vorlieben zusammenstellen, so, wie das Tablett in der Cafeteria nach und nach mit den angebotenen Snacks und Getränken beladen wird. Die Speisekarte einer Cafeteria im Schlaraffenland würde dann so aussehen, wie wir es im folgenden Abschnitt aufgelistet haben.

Nutzen Sie das Cafeteria-System

Extras zum Gehalt

Die Extras zum Gehalt haben viele Sammelbezeichnungen. Vorgesetzte und Personalverantwortliche sprechen gerne von »Fringe Benefits«, »On Top-Usancen« oder »Long Term-Incentives«. In jedem Falle handelt es sich um Zusatz- und Sonderleistungen, die über das Grundgehalt hinausgehen. Für Sie sind natürlich nicht nur diese Leistungen, sondern auch deren steuerliche Auswirkung interessant. Daher behandeln wir in unserer Auflistung auch diesen wichtigen Punkt.

Abfindung Ist in einem Arbeitsverhältnis eine Abfindung vertraglich vereinbart worden, ist diese bei Kündigung durch den Arbeitgeber fällig. Sie bleibt steuerfrei, wenn sie als Einmalzahlung geleistet wird und die festgelegten Obergrenzen nicht überschreitet.

Aktienoptionen Optionen sichern dem Inhaber das Recht zu, Aktien zu einem vorher festgelegten Preis zu kaufen. In manchen Unternehmen haben Mitarbeiter die Möglichkeit, eine bestimmte Anzahl von Aktienoptionen zu erwerben. Ist der tatsächliche Aktienkurs am Tag der Optionsausübung höher als der zuvor festgelegte Bezugspreis, ergibt sich ein Gewinn für den Mitarbeiter. Diesen Gewinn muss er als finanziellen Vorteil wie seinen Arbeitslohn versteuern. Oftmals werden die Aktienoptionen den Mitarbeitern nur zugeteilt, wenn bestimmte Unternehmensziele erreicht worden sind.

Gewinn durch Optionen

Belegschaftsaktien Bei Belegschaftsaktien erhalten die Mitarbeiter direkt von der Firma eine bestimmte Anzahl unternehmenseigener Aktien zu Sonderkonditionen. Nach Ablauf einer bestimmten Sperrfrist können die Aktien verkauft werden. Steuerliche Handhabung: Bis zu einer Höhe von 150 Euro pro Jahr darf Ihnen das Unternehmen Sonderkonditionen einräumen. Alle darüber hinausgehenden Rabatte auf den aktuellen Aktienkurs müssen versteuert werden.

Aktien zu Sonderkonditionen

Berufskleidung Kostenlose oder bezuschusste Berufskleidung darf nicht privat nutzbar sein, damit dieser Vorteil steuerfrei bleibt. Blaumänner mit Logo und Schutzkleidung sind steuerfrei, Business Outfits, wie Anzüge und Kostüme, nicht.

Darlehen Gewährt der Arbeitgeber seinen Mitarbeitern einen zinslosen Kredit ist dieser Zinsvorteil steuerfrei, wenn die Kreditsumme nicht mehr als 2 500 Euro beträgt. Für darüber hinausgehende Kredite muss der Arbeitgeber mindestens sechs Prozent Zinsen verlangen, damit die Steuerfreiheit gewahrt bleibt.

Dienstwagen Der Dienstwagen ist eine sehr beliebte Zusatzleistung. Fährt der Mitarbeiter nur beruflich mit dem Wagen, **Eine sehr** fallen keine Steuern an. Wird der Wagen aber auch für Privat- **beliebte** fahrten genutzt, muss er monatlich ein Prozent des Brutto- **Zusatzleis-** listenpreises und zusätzlich 0,03 Prozent des Bruttolistenprei- **tung** ses pro Entfernungskilometer zwischen Wohnung und Arbeit versteuern. Dafür trägt das Unternehmen alle Reparaturen, die Treibstoffkosten, die KFZ-Steuer und die Versicherung.

Direktversicherung Wenn der Arbeitgeber einen Teil des Gehaltes nicht an den Mitarbeiter auszahlt, sondern in eine Versicherung einzahlt, wird dieser Betrag mit einem ermäßigten **Ermäßigter** Steuersatz von 20 Prozent statt mit dem individuellen Lohn- **Steuersatz bis** steuersatz versteuert. Dies gilt jedoch nur bis zu einem Betrag **zu einem** von 1 700 Euro pro Jahr. Einzahlungen in eine Lebensversiche- **bestimmten** rung oder eine private Rentenversicherung bieten sich an. Vor **Betrag** dem 60. Lebensjahr darf der Mitarbeiter aber nicht auf die Versicherung zugreifen, außerdem ist eine Mindestlaufzeit von fünf Jahren erforderlich.

Essensgeld Kümmert sich der Arbeitgeber mit einer Kantine um das leibliche Wohl seiner Mitarbeiter, muss der Eigenanteil eines Mitarbeiters pro Essen bei 2,40 Euro liegen. Dann ist diese Zuwendung steuerfrei.

Firmenrabatte Bezieht der Mitarbeiter Produkte oder Dienstleistungen seines Unternehmens, so sind diese bis zu einer Höhe von 1 200 Euro pro Jahr steuerfrei.

Gesundheitsleistungen Im Rahmen der Gesundheitsvorsorge kann der Arbeitgeber seinen Mitarbeitern bis zu 500 Euro im Jahr steuerfrei zugute kommen lassen. Beispielsweise für Massagen, Krankengymnastik oder Vorsorgeuntersuchungen. Allerdings müssen die Maßnahmen ärztlich verordnet sein, sonst entfällt der Steuerbonus.

Gratifikation Konfirmation, Kommunion, Geburtstag, Hochzeitstag und Firmenjubiläum sind manchem Arbeitgeber kleine Geldgeschenke wert. Diese dürfen allerdings nicht über 30 Euro liegen, damit sie steuerfrei bleiben. Hochzeit und die Geburt eines Kindes können mit bis zu 350 Euro steuerfrei beglückwünscht werden.

Kleine Geldgeschenke

Jobticket Der Arbeitgeber kann die Fahrtkosten für öffentliche Verkehrsmittel zahlen und beispielsweise Monatskarten stellen. Diese Zuwendung ist jedoch steuerpflichtig.

Für BahnCards und Vielflieger-Tickets, die auch privat genutzt werden können, gilt das Gleiche.

Kindergarten Die Betreuung der Kinder im firmeneigenen Kindergarten ist nicht nur aus finanzieller Sicht ein Vorteil. Sie ist ebenso steuerfrei wie Zuschüsse zu externen Kindergartenplätzen.

Unterbringung der Kinder

Prämien Einige Unternehmen zahlen Prämien für Verbesserungsvorschläge. Diese Prämien müssen versteuert werden, können aber einen spürbaren Gehaltszuschlag ausmachen.

Private Nutzung von Arbeitsmitteln Die private Nutzung von Notebooks ist bislang (noch) steuerfrei. Auch andere Arbeitsmittel können Mitarbeitern steuerfrei überlassen werden.

Rente Besonders Großunternehmen bieten ihren Mitarbeitern Betriebsrenten an. Die Zusage, eine Betriebsrente zu zahlen, ist für den Arbeitgeber bindend. Die ausgezahlten Rentenbeiträge sind für den Arbeitnehmer steuerpflichtig. Allerdings dürfte dann im Rentenalter die individuelle Lohnsteuer geringer sein, als sie zu Arbeitnehmerzeiten war.

Sachzuwendungen Zu den Sachzuwendungen zählen beispielsweise Tankgutscheine oder der Monatsbeitrag für das Fitnessstudio. Bis zu 25 Euro im Monat dürfen Unternehmen ihren Mitarbeitern als Sachzuwendungen steuerfrei gewähren.

Telefon Bezahlt der Arbeitgeber seinem Mitarbeiter Telefonate, die er in der Privatwohnung führt, ist dies nur dann steuerfrei, wenn es sich um dienstliche Telefonate handelt. Die Erstattung privater Telefonkosten ist steuerpflichtig. Das Gleiche gilt für Firmenhandys, die teilweise privat genutzt werden.

Unterstützte Kommunikation

Überstundenzuschläge Bei den Vereinbarungen, wie Überstunden abgegolten werden, lohnt es sich, genauer hinzusehen. Die Zuschläge (25 bis 150 Prozent), die für Überstunden an Sonn- und Feiertagen oder bei Nachtarbeit fällig werden, sind frei von Steuern und Sozialabgaben. Arbeitnehmer bringen sich selbst um diesen Vorteil, wenn sie im Arbeitsvertrag vereinbaren, dass alle Überstunden mit dem Gehalt abgegolten sind. Wer entsprechende Überstunden leistet, sollte sie sich extra auszahlen lassen.

Vergütung von Überstunden

Umzugsbeihilfe Wird ein Umzug beruflich notwendig, kann der Arbeitgeber die Umzugskosten für den Mitarbeiter steuerfrei übernehmen. Dies gilt auch für Maklerkosten. Es gibt allerdings Höchstgrenzen.

Urlaubsgeld Das Urlaubsgeld ist nicht, wie oft vermutet, ein fester Bestandteil des Jahresgehaltes. Es handelt sich um eine freiwillige Leistung, die allerdings in den meisten Tarifverträgen festgeschrieben ist. Bei außertariflichen Arbeitsverhältnissen müssen Mitarbeiter über das Urlaubsgeld verhandeln.

Vermögenswirksame Leistungen Die vermögenswirksamen Leistungen müssen direkt vom Arbeitgeber in bestimmte Anlageformen wie Aktienfonds oder Sparpläne eingezahlt werden. Bis zu 468 Euro pro Jahr werden steuerlich begünstigt.

Weihnachtsgeld Das 13. Gehalt kann ebenso wie das Urlaubsgeld Verhandlungssache sein. Das 14. Gehalt ist auch bei tariflichen Arbeitsverträgen immer eine freiwillige Zulage. Manche Arbeitgeber zahlen allen Arbeitnehmern den gleichen Gehaltszuschlag, andere unterscheiden nach Dauer der Betriebszugehörigkeit. Steuerlich zählt das Weihnachtsgeld mit zum Jahreseinkommen.

Das 13. Monatsgehalt ist Verhandlungssache

Weiterbildung Die vom Arbeitgeber an den Mitarbeiter gezahlten Beträge für Weiterbildungsmaßnahmen müssen nicht versteuert werden.

Flexible Gehaltsbestandteile

Zusätzlich zum Fixgehalt können flexible Gehaltsbestandteile vereinbart werden. Die Höhe der variablen Vergütung kann sich nach dem erzielten Unternehmensgewinn beziehungsweise -umsatz richten oder an individuellen Leistungen festgemacht sein. Üblicherweise werden in Zielvereinbarungen Leistungen festgelegt, die erfüllt sein müssen, um in den Genuss von Bonuszahlungen, Tantiemen, Provisionen oder Gewinnbeteiligungen zu kommen.

Zusätzlich zum Fixgehalt

Bonus Wenn ein Mitarbeiter Zielvereinbarungen erfüllt, wird ihm in einigen Unternehmen eine garantierte Zahlung ge-

Muss es denn immer Geld sein?

währt. Dies können neben Geldbeträgen auch Aktienoptionen oder Belegschaftsaktien sein.

Prämien Ursprünglich waren Prämien als Einmalzahlungen gedacht. Mittlerweile gibt es auch regelmäßig gezahlte Prämien, beispielsweise Gesundheitsprämien, wenn ein Mitarbeiter sich innerhalb eines vorher definierten Zeitraums nicht krank meldet.

Provisionen Provisionen beteiligen den Mitarbeiter am Umsatz des Unternehmens. Dabei gibt es zwei verschiedene Versionen. Früher war es üblich, die Provision am Gesamtumsatz festzumachen. Inzwischen hat es sich durchgesetzt, persönliche Umsatzziele zu definieren, die der Mitarbeiter mit seiner Leistung besser beeinflussen kann. Das Grundgehalt kann durch Provisionen erheblich aufgestockt werden. Im Vertrieb sind bis zu einem Drittel mehr Gehalt durch Provisionen üblich.

Beteiligung am Umsatz des Unternehmens

Gewinnbeteiligungen Bei Gewinnbeteiligungen wird der Arbeitnehmer am Unternehmensgewinn beteiligt. Die eine Variante der Gewinnbeteiligung ist prozentual ausgestaltet, die andere stellt einen festen Betrag in Aussicht.

Tantiemen Tantiemen sind eine Sonderform der Provision in Kapitalgesellschaften. Vorstand, Aufsichtsrat oder leitende Angestellte werden so am Unternehmenserfolg beteiligt.

Freizeit In einigen Unternehmen gibt es mittlerweile flexiblere Arbeitszeitmodelle. In Gehaltsgesprächen haben Sie aber in der Regel keine Möglichkeit, Sondervereinbarungen herauszuhandeln. Auch von der Taktik her sollten Sie dies tunlichst unterlassen: Wenn Sie in Gehaltsverhandlungen mehr Urlaub fordern, machen Sie nicht gerade deutlich, dass Sie auch weiterhin überdurchschnittlich leistungsstark agieren wollen.

Anspruch und Wirklichkeit

Wünsche nach mehr bezahltem Urlaub, unbezahltem Extraurlaub oder einer Auszeit (Sabbatical) lassen sich nur durchsetzen, wenn das Unternehmen bereits über flexible Arbeitszeitmodelle verfügt. Auch wenn dies der Fall ist, sollten Sie Gehaltsverhandlungen und Gespräche über besondere Urlaubsregelungen oder Auszeiten getrennt führen. Karriereambitionen und Freizeitorientierung vertragen sich in den Augen der Unternehmen nicht besonders gut miteinander.

Auf einen Blick

Geld, Freizeit, Sonderleistungen – bewährte und neue Elemente im Gehaltspoker

Im Blick

- Die Entlohnungssysteme in den Unternehmen sind flexibler geworden.
- Zum Gehaltspaket gehören neben dem monatlichen Lohn auch Prämien, Provisionen und Zusatz- und Sonderleistungen.

- Wägen Sie die einzelnen Gehaltselemente gründlich gegeneinander ab und berücksichtigen Sie die steuerliche Relevanz.
- Die Gehaltskomponenten variieren je nach Unternehmensform.
- Konzerne bieten ein kalkulierbares Gehalt mit vielen Extras. Sonderwünsche sind nicht in jedem Fall durchsetzbar.
- Im Mittelstand werden solide Einkommen gezahlt. Sonderleistungen müssen oft aktiv vom Mitarbeiter eingefordert werden.
- Bei Start-ups kommt zu einem niedrigeren Fixgehalt oft ein hoher flexibler Gehaltsanteil hinzu.
- Der öffentliche Dienst bietet Gehaltssteigerungen ohne Gehaltsverhandlungen. Überdurchschnittliche Steigerungen sind aber nur beim Laufbahnwechsel zu erreichen.
- Personalverantwortliche sprechen, wenn es um Zusatz- und Sonderleistungen geht, gerne vom Cafeteria-System. Vergütungspakete lassen sich nach individuellen Vorlieben aus dem vorhandenen Angebot zusammenstellen.
- Das Gehalt kann in flexible und fixe Bestandteile aufgeteilt werden. Zum Grundgehalt können Prämien, Provisionen und Gewinnbeteiligungen hinzukommen.
- Die Forderung nach zusätzlicher Freizeit ist in Gehaltsgesprächen ungünstig. Personalverantwortliche und Vorgesetzte vermuten schnell, dass der Leistungshorizont des Mitarbeiters überschritten ist.

5

Wie hoch ist Ihr derzeitiges Gehalt? – Die Ausgangsposition

Damit Sie eine Gehaltsverbesserung erzielen können, müssen Sie zunächst wissen, wo Ihr momentanes Gehalt liegt. Berücksichtigen Sie feste und variable Vergütungsbestandteile und lassen Sie nicht die Zusatz- und Sonderleistungen außer Acht. Zu Ihrer Ausgangsposition gehört nicht nur der materielle Teil. Sie müssen sich auch über immaterielle Aspekte, insbesondere den Wohlfühlfaktor, Klarheit verschaffen.

Bevor Sie ein Gehaltsgespräch führen und Forderungen stellen, sollten Sie Ihre Argumentationsgrundlage kennen. Verschaffen Sie sich einen detaillierten Überblick darüber, wie sich Ihr Gehalt im Einzelnen zusammensetzt. Nur so können Sie einen tatsächlichen Gehaltssprung von einem vermeintlichen unterscheiden. Es kommt leider immer wieder vor, dass Arbeitnehmer sich von der Höhe des ihnen angebotenen Gehaltes blenden lassen und vergessen, Sonder- und Zusatzleistungen zu berücksichtigen. Sie brauchen einen Vergleichsmaßstab, an dem Sie sich in Ihrer Gehaltsverhandlung orientieren können.

Gewinn oder Verlust?

Geld ist nicht alles, auch wenn alles ohne Geld nichts ist: Neben abstrakten Zahlenspielen sollten Sie auch über Ihren Arbeitsalltag reflektieren. Was geben Sie auf, wenn Sie in eine andere Abteilung, einen anderen Unternehmensbereich oder zu einem anderen Unternehmen wechseln? Den Faktor Arbeitszufriedenheit sollten Sie nicht auf die leichte Schulter nehmen. Für ein höheres Gehalt wird der Arbeitgeber auch eine höhere Gegenleistung erwarten. Auch Ihr privates Umfeld sollte mit den von Ihnen ins Auge gefassten Veränderungen leben können. Fragen Sie sich nicht erst, was schief gelaufen ist, wenn es zu spät ist. Bedenken Sie im Vorfeld, dass sich die Konsequenzen einer Gehaltssteigerung nicht nur materiell sondern auch immateriell auswirken können.

Was verdienen Sie wirklich?

Erfassen Sie die finanziellen Leistungen Ihres Arbeitgebers komplett. Achten Sie darauf, dass Sie alle Zahlungen und Vergünstigungen berücksichtigen. Nur so können Sie verhindern, dass Ihr Gehaltssprung sich im Nachhinein als Stillstand beim verfügbaren Einkommen herausstellt.

So gewinnen Sie einen vollständigen Überblick Bei Gehaltsverhandlungen sollte es um Bruttojahresgehälter gehen. In diese Bruttojahresgehälter fließen nicht nur die festen und die fixen Gehaltsbestandteile mit ein, sondern auch Sonder- und Zusatzleistungen. Wenn Sie eine Erhöhung Ihres Jahresgehaltes anstreben, können Sie das auch erreichen, indem Sie über ausgeweitete Vergünstigungen oder erweiterte Provisionen verhandeln. Erfassen Sie nun Ihr Bruttojahresgehalt. Unsere Übung »Ihr derzeitiges Gehalt« wird Ihnen dabei Klarheit verschaffen.

Ihr derzeitiges Gehalt

Übung

Erfassen Sie Ihr derzeitiges Jahresgehalt vollständig. Die aufgeführten Fragen helfen Ihnen dabei.

- Wie hoch ist Ihr Festgehalt?
- Erhalten Sie Weihnachtsgeld und eventuell sogar ein 14. Monatsgehalt?

- Gewährt Ihnen das Unternehmen Urlaubsgeld?
- Stellt man Ihnen einen Dienstwagen (Marke und Modell) zur Verfügung? Oder eine finanzielle Abgeltung?
- Gibt es eine zusätzliche betriebliche Altersversorgung?
- Wie hoch sind die Ihnen zugestandenen Provisionen, Gewinnbeteiligungen, Tantiemen und Bonuszahlungen?
- Bekommen Sie Aktienoptionen oder Belegschaftsaktien? Welche Rabatte gewährt man Ihnen?
- Werden besondere Leistungen, wie Verbesserungsvorschläge, vom Unternehmen prämiert?
- Haben Sie ein Zusatzeinkommen aus Nebenbeschäftigungen?
- Hat Ihr Unternehmen für Sie Direktversicherungen abgeschlossen?
- Zahlt Ihnen das Unternehmen ein Jobticket oder die BahnCard?
- Hält das Unternehmen einen Kindergartenplatz bereit oder beteiligt es sich an den Kosten?
- Erhalten Sie kostengünstiges Mittagessen in der Kantine oder Essensmarken?
- Wie sind die Reisekostenvergütungen bemessen?
- Stellt das Unternehmen Ihnen Arbeitsmittel wie Handy oder Notebook zur privaten Nutzung frei?
- Erhalten Sie vermögenswirksame Leistungen?
- Kommen Sie in den Genuss von Firmenrabatten?
- Erhalten Sie Zusatzvergütungen für Außendienst- oder Auslandseinsätze?
- Werden Überstunden ausbezahlt?
- Welche Weiterbildungskosten werden übernommen?
- Ist das Unternehmen großzügig mit Incentives (Outdoor-Seminare, Exkursionen, Reisen, Auslandstagungen, Betriebsfeiern)?

Geld ist nicht alles

Zahlen sind nur eins von vielen Mitteln, um sich den »Wert« seiner beruflichen Tätigkeit vor Augen zu führen. Ein höheres Gehalt ist nicht zwangsläufig die Garantie dafür, ein besseres Leben führen zu können. Man muss möglichen Chancen mögliche Risiken gegenüberstellen.

Immaterielle Werte zählen auch

Einer individuellen Auseinandersetzung mit den Faktoren, die eine Gehaltssteigerung begleiten können, sollten Sie nicht ausweichen. Es gibt Aufsteiger, die nach einem Karriereschritt beklagen, dass sie gar keine Zeit mehr haben, den besseren Verdienst zu genießen. Andere leiden darunter, dass sie sich in der neuen Position gegen ehemalige Kollegen stellen und auf einmal Druck von oben nach unten ausüben müssen. Es gibt aber auch Mitarbeiter und Stellenwechsler, die ihre neu hinzugewonnenen Verantwortungs- und Gestaltungsspielräume genießen. Mit einer Gehaltssteigerung und der Übernahme einer neuen Position müssen nicht generell Nachteile verbunden sein. Oftmals wird auch einfach eine adäquatere Bezahlung der beruflichen Leistungen erreicht.

Welche Veränderungen ergeben sich für Sie?

Prüfen Sie im Vorfeld Ihrer Gehaltsverhandlung, ob und welche Veränderungen sich in Ihren Arbeitsbedingungen, aber auch im Privatleben ergeben könnten. Gerade Stellenwechsler beziehungsweise firmeninterne Aufsteiger kommen nicht daran vorbei, sich mit den immateriellen Kosten eines Karrieresprunges auseinander zu setzen.

Damit Sie sich nicht später sagen müssen: »Daran hätte ich auch gleich denken können!«, sollten Sie unsere Übung zur Reflektion der Möglichkeiten und Einschränkungen beim Gehaltssprung nutzen.

Der Wohlfühlfaktor

Schätzen Sie die Folgen ab, die ein Gehaltssprung auf Ihre Lebensqualität haben wird. Wägen Sie Risiken und Chancen ab.

- Ändert sich Ihre reale Wochenarbeitszeit nach der Gehaltserhöhung?
- Müssen Sie ein schlagkräftiges Team verlassen und als Einzelkämpfer weitermachen?
- Wie hoch ist Ihr Urlaubsanspruch jetzt? Wird er sich ändern?
- Gibt es Arbeitszeitmodelle, die Sie aufgeben müssten (Chance zum Sabbatical)?
- Können Sie Ihre Arbeitszeiten beeinflussen (Gleitzeit)?
- Welche Veränderungen ergeben sich für die Familie, die Kinder, den Lebenspartner?
- Werden Sie wegen Auslandseinsätzen oder Dienstreisen weniger zu Hause sein?
- Müssen Sie zukünftig auch Abends oder am Wochenende Geschäftstermine wahrnehmen (Geschäftsessen, Tagungen)?
- Sind Sie zukünftig der Puffer zwischen unterschiedlichen Unternehmensinteressen (Druck von allen Seiten)?
- Hat Ihre Arbeit zukünftig eine ganz andere Qualität (Koordination statt Forschung, Führung statt Fachaufgaben)?
- Müssen Sie den Wohnort wechseln?

Wie hoch ist Ihr derzeitiges Gehalt? – Die Ausgangsposition

Im Blick

- Verschaffen Sie sich einen Überblick über Ihr momentanes Gehaltsniveau.
- Erfassen Sie die finanziellen Leistungen Ihres Arbeitgebers komplett. Berücksichtigen Sie fixe und flexible Gehaltskomponenten. Beziehen Sie auch Sonder- und Zusatzleistungen mit ein.
- Ihr gesamtes Bruttojahreseinkommen sollte der Maßstab sein, den Sie für Ihre weiteren Gehaltsforderungen zugrunde legen.
- Eine Gehaltssteigerung lässt sich nicht nur über eine Erhöhung des Grundgehaltes erreichen. Sie können auch über umfassendere Vergünstigungen und höhere Provisionen verhandeln.
- Ein höheres Gehalt ist keine Garantie für ein besseres Leben.
- Prüfen Sie im Vorfeld von Gehaltsverhandlungen, welche immateriellen Kosten auf Sie zukommen könnten: beispielsweise weniger Freizeit und mehr Dienstreisen.

6

Was wollen Sie im Gehaltsgespräch erreichen? – Ihre Gehaltsziele

Wenn Sie Gehaltsverhandlungen souverän führen möchten, müssen Sie Ihre Gehaltswünsche konkret benennen können. Sie sollten sich vorab über Vergleichsgehälter informieren und die einzelnen Gehaltsbestandteile gewichten. Werden Sie sich klar über Ihre Forderungen: Definieren Sie Ihre Gehaltsziele.

Um in eine Gehaltsverhandlung einsteigen zu können, reicht es nicht aus, die eigenen Erfolge und Leistungen zu kennen und optimal zu präsentieren. Sie müssen auch wissen, welche Gegenleistung Sie dafür vom Unternehmen bekommen wollen. Im Vorfeld von Gehaltsgesprächen ist es daher unerlässlich, sich über übliche Gehälter zu informieren. Sie sollten mit klaren Vorstellungen in Gehaltsgespräche gehen und wissen, was Sie verlangen können.

Was erwarten Sie vom Unternehmen?

Wie hoch ist Ihr Marktwert?

Personalverantwortliche beklagen immer wieder, dass Bewerber und Mitarbeiter keine »Hausnummer« nennen können, das heißt, dass sie ihren Marktwert in Gehaltsverhandlungen nicht selbst einschätzen können. Angriffslustig geäußerte Forderungen wie »Sie müssen doch wissen, was Sie mir bezahlen wollen, schließlich haben Sie doch die Stelle ausgeschrieben« oder »Sie stehen doch im ständigen Kontakt mit der Personalabteilung, da werden Sie ja wohl wissen, welche Gehaltssteigerung drin ist«, bringen das Gespräch in eine Schräglage und Ihren Verhandlungspartner gegen Sie auf.

Wälzen Sie die Verantwortung für Ihre Gehaltssteigerung nicht auf Personalverantwortliche oder Vorgesetzte ab. Gehaltsverhandlungen werden nur dann erfolgreich verlaufen, **Recher-** wenn Sie Ihre eigenen Vorstellungen mit den Gehaltsangebo- **chieren Sie** ten des Unternehmens abgleichen können.

Verdienst- Bei der Recherche von Verdienstmöglichkeiten in Ihrer Posi- **möglich-** tion und Branche können Sie auf Zeitschriften zurückgreifen, **keiten** beispielsweise *Wirtschaftswoche, ManagerMagazin, Capital, BIZZ*. Dort finden Sie in unregelmäßigen Abständen Auflistungen der Gehaltshöhen für verschiedene Tätigkeitsbereiche, Unternehmensgrößen und Branchen. Auch die Berufsseiten der Wochen- und Tageszeitungen bringen immer wieder aktuelle Vergütungsstudien. Sie können unter anderem auf diese Zeitungen zurückgreifen: *Frankfurter Allgemeine Zeitung, Handelsblatt, Financial Times Deutschland, Die Welt/Welt am Sonntag, Süddeutsche Zeitung*. Am einfachsten ist es sicherlich, wenn Sie im Internet recherchieren. In unserer Übersicht 3 »Gehaltsrecherche im Internet« haben wir für Sie Anlaufadressen zusammengestellt. Sie finden in den dort aufgelisteten Gehaltstabellen auch Gehaltsinformationen für Ihre Position.

Gehaltsrecherche im Internet

Übersicht 3

Gehalts-Barometer: *www.jobpilot.de*
Gehaltschecker: *www.wiwo.de*
Gehalts-Check: *www.jungekarriere.com*
Gehaltsreport: *www.stern.de/campus-karriere*
Gehaltstest: *www.focus.de*

Für eine erste Orientierung können Sie auch unsere Gehaltstabelle nutzen. Wir haben für Sie die Gehaltshöhen, unterschieden nach Branchen, Unternehmensgröße und Position, aufgeführt. Bedenken Sie, dass es sich um Durchschnittsgehälter handelt. Abweichungen nach oben und unten sind deshalb üblich. Rechnen Sie mit zwanzigprozentigen Zu- und Abschlägen.

Gehaltsziele abwägen

Die Auswertung von Gehaltstabellen hilft Ihnen dabei, ein Bruttojahresgehalt als Ziel zu definieren. Darin sind über das Grundgehalt hinaus auch flexible Elemente und Zusatzleistungen enthalten. Sie müssen für sich entscheiden, wie Sie die Gehaltselemente gewichten wollen. Das hängt auch davon ab, ob Sie Gehaltsgespräche mit Ihrem derzeitigen oder mit einem neuen Arbeitgeber führen.

Wie wollen Sie Gehaltselemente gewichten?

Treten Sie mit Ihrem momentanen Arbeitgeber in Gehaltsverhandlungen, müssen Sie beachten, dass Erhöhungen des Bruttogehaltes oft nur schmerzlich geringe Auswirkungen auf Ihr Nettogehalt haben. Wenn Sie den Brutto-Netto-Check nicht erst bei Erhalt Ihrer neuen Gehaltsabrechnung machen wollen, können Sie ihn vorab im Internet durchführen. Die Jobbörse *www.stellenanzeigen.de* bietet dafür einen anonymen Brutto-Netto-Gehaltsrechner an. So erfahren Sie vor der Gehaltsverhandlung, was Sie brutto fordern müssen, damit netto eine bemerkbare Steigerung dabei herauskommt.

Der Brutto-Netto-Vergleich

Es kann sich lohnen, mit Ihrem Vorgesetzten, über Sonderleistungen zu verhandeln, die steuerlich neutral oder günstiger behandelt werden. In Kapitel 4, »Geld, Freizeit, Sonderleistungen – bewährte und neue Elemente im Gehaltspoker«, haben wir Ihnen mögliche Gehaltskomponenten vorgestellt. Bevor Sie dem Fiskus ein Schnippchen schlagen können, müssen Sie

Das wird gezahlt:

Tabelle 1

Unternehmens-größe	Geschäfts-führer	Bereichs-leiter	Hauptab-teilungsleiter
bis 150 Beschäftigte	133 663	82 418	78 606
151 bis 500 Beschäftigte	170 685	94 950	80 904
501 bis 1500 Beschäftigte	184 995	106 571	88 626
1501 bis 6500 Beschäftigte	195 961	114 783	97 254
Branchen			
Maschinen- und Fahrzeugbau	182 922	107 915	88 945
Elektrotechnik, Elektronik	182 622	115 414	93 797
Chemie, Pharma	185 873	117 131	95 887
Bau, Baustoffe	188 013	105 257	90 534
Flugzeugbau	209 340	122 145	83 762
Nahrungs- und Genussmittel	166 988	106 273	83 625
Metall	201 753	104 233	84 293
Feinmechanik, Optik	156 709	102 306	86 741
Finanzdienst-leistungen	180 704	105 172	86 134
Unternehmens-beratung	190 190	114 297	86 064
Verkehr, Tourismus	171 321	84 201	70 247
Handel	176 075	101 036	80 706
Handwerk	142 724	76 632	k. A.

Quelle: Gesellschaft für Verhaltensanalyse und Evaluation (Geva)

Durchschnittsgehälter in Euro

Abteilungs-leiter	Gruppen- und Projektleiter	Qualifizierte Spezialisten	Sach-bearbeiter
63 102	53 082	47 316	39 542
67 156	55 043	48 755	40 871
71 692	56 433	48 930	42 080
75 757	58 840	51 551	44 192
72 652	55 062	48 493	44 525
75 002	55 191	48 482	42 478
76 843	59 945	50 397	40 563
69 456	58 542	46 939	90 534
70 592	62 375	53 229	48 674
70 263	53 505	48 004	41 127
72 524	55 304	46 916	38 688
71 810	53 834	49 656	46 433
69 713	58 517	51 972	42 610
83 430	60 714	48 457	40 755
66 838	60 056	48 465	42 828
66 825	54 858	48 651	41 476
54 538	55 386	38 491	k. A.

München, und eigene Berechnung

aber erst in Erfahrung bringen, was in Ihrem Unternehmen möglich ist. Nicht jede Sonderleistung wird von jedem Arbeitgeber gewährt. Das Thema private Altersvorsorge wird in seiner Bedeutung zunehmen. Sicherlich werden viele Unternehmen zukünftig in diesem Bereich Zusatzleistungen anbieten. Welche Besonderheiten in Gehaltsgesprächen mit dem derzeitigen Arbeitgeber zu beachten sind, erfahren Sie in Kapitel 8, »Mehr Gehalt im gleichen Job – Gehaltsverhandlungen an Ihrem Arbeitsplatz«.

Gute Chancen für eine Gehaltssteigerung Bei einem Stellenwechsel oder internen Aufstieg bieten sich gute Möglichkeiten, eine erhebliche Gehaltssteigerung von 15 bis 20 Prozent zu erzielen. Sie sollten diese Chance nutzen und darauf hinarbeiten. Wie Sie die Gewichtung von fixen und flexiblen Gehaltsanteilen vornehmen, hängt von Ihrer persönlichen Risikobereitschaft ab. Hierbei spielen natürlich auch gängige Aufteilungen in unterschiedlichen Tätigkeitsfeldern eine Rolle. Im Vertrieb wird normalerweise ein beachtlicher Teil des Gehaltes als Provision gezahlt, im Controlling ist dies unüblich.

Konzentrieren Sie sich auf die Essentials Wenn Sie beim Karrieresprung ein unterdurchschnittliches Jahresgehalt akzeptieren, werden Sie es schwer haben, dies später wieder aufzuholen. Sonder- und Zusatzleistungen lassen sich dagegen in späteren Gehaltsverhandlungen leichter durchsetzen. Grundsätzlich sollten Sie bei Gehaltsverhandlungen in Vorstellungsgesprächen Ihre Gesprächspartner nicht durch eine Liste mit zu vielen detaillierten Forderungen verwirren. Konzentrieren Sie sich auf die Verhandlungen über das Jahresgehalt und für Sie wichtige Essentials, wie beispielsweise eine zusätzliche Alterssicherung oder einen Dienstwagen.

Einen Eindruck davon, wie Gehaltsgespräche mit neuen Arbeitgebern verlaufen können, bekommen Sie in Kapitel 9, »Mehr Gehalt im neuen Job – Stellenwechsler im Gehaltsgespräch«. Unsere Beispieldialoge zeigen Ihnen, welche Fehler unvorbereitete Bewerber machen können und wie man es besser macht.

Was wollen Sie im Gehaltsgespräch erreichen? – Ihre Gehaltsziele

- Gehen Sie mit klaren Vorstellungen in Gehaltsgespräche.
- Informieren Sie sich über die üblichen Gehälter in Ihrer Position.
- Das Kontern der Gehaltsfrage mit einer Gegenfrage bringt Sie nicht weiter. Sie müssen Farbe bekennen.
- Informieren Sie sich in Zeitschriften, Zeitungen oder im Internet anhand von aktuellen Vergütungsstudien.
- Gewichten Sie die einzelnen Gehaltselemente. Definieren Sie für sich, wie Ihr Jahresgehalt zusammengesetzt sein sollte (fest, variabel, Zusatzleistungen).
- In Gehaltsgesprächen mit dem momentanen Arbeitgeber kann es sich lohnen, über steuerbegünstigte Zusatzleistungen zu verhandeln.
- Nutzen Sie bei dem Stellenwechsel oder dem internen Aufstieg die Chance, überdurchschnittliche Gehaltssprünge zu realisieren. Ein Fehlstart ist schwer wieder aufzuholen.

7

Taktisch verhandeln in Gehaltsgesprächen – mit diesen Gegenreaktionen müssen Sie rechnen

Nachdem Ihre Erfolgsbilanz ausgearbeitet und Ihr Wunschgehalt festgelegt ist, sollten Sie sich nun mit der Psychologie der Verhandlungsführung in Gehaltsgesprächen vertraut machen. Sie können sicherlich nicht darauf bauen, dass Sie Ihren Gehaltswunsch nur äußern müssen und man Ihnen dann ohne weitere Diskussion zustimmt. Vorgesetzte und Personalverantwortliche wollen in Gehaltsverhandlungen überzeugt werden.

Ein Selbstläufer wird das Gehaltsgespräch unter Garantie nicht werden: Sie müssen mit Einwänden rechnen. Aggressive Argumente und einschüchternde Phrasen werden von Unternehmensvertretern gerne benutzt, um Sie zu verunsichern und von der Sache abzulenken. Bei einigen werden Sie es sicherlich schwerer haben als bei anderen, sich mit Ihren Gehaltsvorstellungen durchzusetzen. Damit Sie den Überrumpelungsversuchen der Personalverantwortlichen und Vorgesetzten nicht **Das Standard-** hilflos gegenüberstehen, erfahren Sie zunächst, warum die Ge- **repertoire** genseite es Ihnen oft so schwer macht.

der Einwände Bestimmte Einwände gegen die von Ihnen vorgetragenen Gehaltswünsche gehören zum Standardrepertoire von Personalverantwortlichen und Vorgesetzten. Wir werden Ihnen die gängigen Argumente und Phrasen vorstellen, beispielsweise die gerne eingesetzte Elends-Taktik oder die Emotionen ansprechende »Mein kleiner Liebling«-Taktik.

Anschließend zeigen wir Ihnen, wie Sie Angriffe der Unternehmensseite ins Leere laufen lassen und Blockadehaltungen aufweichen können. Von Ihrer souveränen Reaktion auf aggressive Argumente und einschüchternde Phrasen Ihres Gegenübers hängt der erfolgreiche Verlauf des Gehaltsgespräches ab. Wir zeigen Ihnen geeignete Abwehrstrategien und lassen Sie den Einsatz von Gesprächstechniken in Aktion erleben. Mit vielen Beispielen werden Sie für Ihren eigenen Auftritt fit gemacht.

Die besondere Atmosphäre in Gehaltsverhandlungen

Um die besondere Stimmung in Gehaltsverhandlungen zu begreifen, ist es durchaus sinnvoll, sich einmal in die Lage von Unternehmensvertretern zu versetzen. Der wesentliche Punkt für Personalverantwortliche und Vorgesetzte ist, dass Forderungen an sie herangetragen werden. Dies ist keine alltägliche Situation, eigentlich sind Führungskräfte es eher gewohnt, ihrerseits Ansprüche zu stellen und diese durchzusetzen. Im Gehaltsgespräch findet plötzlich ein Rollentausch statt. Personalverantwortliche haben mehr Übung als Sie, diesen Rollentausch zu vollziehen. Zum Einstellungsprozedere gehört die Festlegung eines Gehaltes und die Diskussion mit Bewerbern über ihre Wünsche dazu. Daher sind Personalprofis in der Auseinandersetzung um Gehaltsvorstellungen geübter.

Machen Sie sich klar: Ihr Gegenüber ist ein Profi

Sowohl für Personalverantwortliche als auch für Vorgesetzte gilt aber, dass ein an sie gestellter Gehaltsanspruch ähnliche Überlegungen auslöst: Was bekomme ich für das Geld, das mein Gegenüber fordert? Ist der Bewerber oder Mitarbeiter ein überdurchschnittliches Gehalt wirklich wert? Sprengt der Gehaltswunsch den im Unternehmen üblichen Gehaltsrahmen? Gibt der vorgesehene Etat überhaupt Gehaltssteigerungen her? Was passiert, wenn ich den Gehaltswunsch nicht erfülle?

Stellen Sie sich die gleichen Fragen wie die Unternehmensvertreter

Damit stehen viele Einwände, auf die Sie in Gehaltsverhandlungen stoßen werden, schon vor dem Gespräch im Raum. Für

Ihre Gehaltsverhandlungen ist das durchaus ein Vorteil: Sie können rechtzeitig damit beginnen, nach entkräftenden Argumenten für diese Widerstände zu suchen. Neben begründeten Einwänden, die eingesetzt werden, um zu überprüfen, ob Ihr Anspruch berechtigt ist, gibt es auch Verhandlungstaktiken, deren einziger Sinn darin besteht, Sie auszubremsen.

Setzen Sie sich mit den Hintergründen der Taktiken auseinander Hinter diesen Taktiken, die es Ihnen einfach nur schwer machen sollen, stehen vielfältige Beweggründe. Abblockversuche werden beispielsweise gestartet, wenn Personalverantwortliche oder Vorgesetzte der Meinung sind, den Unternehmensgewinn auf Kosten der Mitarbeitergehälter maximieren zu müssen, oder wenn sie sich vor der Weitergabe Ihres Gehaltswunsches nach oben scheuen. Manche Unternehmensvertreter befürchten auch eine Signalwirkung, die das Ihnen zugebilligte Gehalt haben könnte. Sie wollen einen Präzedenzfall für das Gehaltsgefüge im Unternehmen vermeiden. Andere wiederum wollen aus Verhandlungen stets als Sieger hervorgehen und greifen daher gern zu aggressiven Argumenten und einschüchternden Phrasen.

Die bösen 13: aggressive Argumente und einschüchternde Phrasen

Wenn es um Gehaltsverhandlungen geht, sind sie besonders gefürchtet: die aggressiven Argumente und einschüchternden Phrasen der Unternehmensvertreter. Sie werden gerne eingesetzt, um **Bleiben Sie Ihrem Konzept treu** unvorbereiteten Bewerbern einen Dämpfer zu verpassen oder sie aus dem Konzept zu bringen. Wer als Mitarbeiter oder Bewerber schon einmal fassungslos unfaire Einwände vernommen hat, weiß wie schwer es ist, danach wieder den roten Faden in den eigenen Ausführungen zu finden. Die Gehaltsverhandlung konsequent zum eigenen Vorteil zu Ende zu führen fällt dann schwer.

Genau dies ist von der Unternehmensseite beabsichtigt. Die entstehende Verwirrung soll es Ihnen schwer machen, die eigenen Vorstellungen durchzubringen. Dabei werden unfaire Einwände nicht nur dann eingesetzt, wenn man Sie schnell und ohne Zugeständnisse wieder loswerden möchte. Sie dienen auch als Test für den Einsatz, den Sie für eine Gehaltserhöhung zu bringen bereit sind: Geben Sie schnell nach, denkt sich die Unternehmensseite, dass Ihnen Ihr Anliegen wohl doch nicht so wichtig gewesen ist. Für das Unternehmen bedeutet dies, dass Sie wahrscheinlich auch ohne Gehaltserhöhung wie bisher Ihre Aufgaben erledigen werden. Der Grat zwischen der Absicht, Ihren Gehaltswunsch abzuschmettern, und dem Versuch, Ihre Ernsthaftigkeit zu überprüfen, ist sehr schmal.

Das Gespräch als Test für Ihre Überzeugungskraft

Im eigenen Interesse sollten Sie sich auf derartige Argumentationstechniken vorbereiten. Nur wenn Sie sich nicht aus der Ruhe bringen lassen, können Sie Ihre Gesprächsziele konsequent verfolgen. Wir stellen Ihnen nun gerne verwendete Tricks und Ausreden vor. Damit der Lerneffekt für Sie größer ist, zeigen wir Ihnen zuerst, wie leicht unvorbereitete Bewerber in Fallen tappen, und anschließend, wie Sie es besser machen können. Warten Sie nicht bis zum Gehaltsgespräch, setzen Sie sich schon jetzt mit den Ablenkungsmanövern der Unternehmensseite auseinander:

1. die Verzögerungs-Taktik
2. die Elends-Taktik
3. die Undankbarkeits-Taktik
4. die »Alle in einem Boot«-Taktik
5. die Gleichbehandlungs-Taktik
6. die Diffamierungs-Taktik
7. die Verunsicherungs-Taktik
8. die »Ich bin doch nur ein kleines Licht«-Taktik
9. die »Mein kleiner Liebling«-Taktik
10. die Fehlersuche-Taktik
11. die Vernebelungs-Taktik
12. die »Licht und Schatten«-Taktik
13. die Häppchentaktik

Ablenkungsmanöver sollen Sie verwirren

Die Verzögerungs-Taktik

Mit der Verzögerungs-Taktik spielen Personalverantwortliche oder Vorgesetzte auf Zeit. In der Hoffnung, dass der Bewerber oder Mitarbeiter irgendwann seinen Gehaltswunsch vergisst, wird das Angebot gemacht, zu einem späteren Zeitpunkt über eine Gehaltssteigerung zu reden.

Lassen Sie sich nicht vertrösten Wenn man gegen Sie die Verzögerungs-Taktik einsetzt, dürfen Sie sich auf keinen Fall auf unbestimmte Zeit vertrösten lassen. Sie haben verschiedene Möglichkeiten, sich zu wehren. Setzen Sie auf jeden Fall einen Termin durch, an dem das Gehaltsgespräch dann geführt wird. Das kann sofort sein. Wenn Sie jedoch erkennen, dass Sie tatsächlich einen ungünstigen Zeitpunkt gewählt haben, können Sie auch auf einen anderen Termin ausweichen. Dieser sollte jedoch nicht zu weit in der Zukunft liegen. Versuchen Sie allerdings mit Hartnäckigkeit den von Ihnen gewählten Zeitpunkt durchzusetzen, laufen Sie Gefahr, jegliche Sympathie Ihres Gesprächspartners zu verlieren. Bleiben Sie daher in Maßen flexibel.

Später, wann ist das?

Beispiele

- Typische Phrase: »Momentan habe ich keinen Spielraum für Gehaltserhöhungen, wir können aber gerne in einigen Monaten darüber reden.«

– *Ungünstige Reaktion:* »Gut, ich melde mich dann wieder.«

– *Bessere Reaktion:* »Mir geht es zunächst darum, mich mit Ihnen in der Beurteilung meiner Leistungen abzustimmen. Wenn wir uns einig werden, lässt sich für die Zukunft sicherlich eine Regelung finden.«

Beispiel 2
- Typische Phrase: »Schauen wir einmal, wie Sie sich in der Probezeit bewähren. Danach lässt sich leichter eine Regelung finden.«

– *Ungünstige Reaktion:* »Gut, ich erwarte aber, dass Sie Ihr Versprechen auch halten.«

- *Bessere Reaktion 1:* »Aufgrund meiner Qualifikation werde ich die Aufgaben, die mich erwarten, bewältigen können. Gerade meine sofortige Einsatzfähigkeit rechtfertigt aus meiner Sicht von Anfang an ein höheres Gehalt.«

- *Bessere Reaktion 2:* »Ich wäre bereit, Ihnen entgegenzukommen. Für die Probezeit könnte ich das von Ihnen vorgeschlagene Gehalt akzeptieren. Eine Gehaltssteigerung nach der Probezeit müsste aber schriftlich fixiert werden.«

- Typische Phrase: »Im Moment habe ich wirklich andere Probleme, ich behalte Ihren Wunsch aber im Auge.«

Beispiel 3

- *Ungünstige Reaktion:* »Ich habe auch ein großes Problem: mein Gehalt. Und ich lasse mich jetzt nicht mehr vertrösten. Entweder wir reden jetzt über eine Gehaltssteigerung, oder ...«

- *Bessere Reaktion:* »Bezahlen Sie mich besser, dann schaffe ich Ihnen die Probleme vom Hals. Welche Schwierigkeiten haben Sie denn?«

Die Elends-Taktik

Mit der Elends-Taktik wird an Ihr Mitleid appelliert. Ein ungünstiges wirtschaftliches Umfeld, ausbleibende Aufträge oder schrumpfende Umsätze werden herangezogen, um den Wunsch nach einer Gehaltserhöhung als unpassend zu diskreditieren. Der Bewerber oder Mitarbeiter soll zum egoistischen Anspruchsteller gestempelt werden, der unsensibel und nur auf seinen eigenen Vorteil bedacht Forderungen stellt.

Wenn Sie mit der Elends-Taktik konfrontiert werden, dürfen Sie sich auf keinen Fall auf die abstrakte Jammer-Ebene ziehen lassen. Gehen Sie nicht auf eine Diskussion darüber ein, wie schlecht die Zeiten doch sind, und dass andere es noch viel schlechter haben als Sie. Bei einer angestrebten Gehaltserhöhung geht es um individuelle Leistungen und darum, ob das Unternehmen von diesen Leistungen profitiert hat. Führen Sie

Sind Sie zu egoistisch?

das Gespräch schnell auf die konkrete Ebene zurück. Machen Sie Ihre Erfolgsbilanz deutlich und stellen Sie die Vorteile in den Vordergrund, die das Unternehmen durch Ihre Arbeitsleistungen erworben hat.

Der Gürtel wird enger geschnallt

Beispiele

- Typische Phrase: »Sie haben doch sicherlich in der Presse gelesen, wie schwierig sich die gesamtwirtschaftliche Entwicklung zur Zeit gestaltet. In Deutschland lässt sich mit industrieller Fertigung doch gar kein Geld mehr verdienen.«

  – *Ungünstige Reaktion:* »Wenn ich mir den Fuhrpark der Geschäftsleitung angucke, scheint mir eher zu viel Geld da zu sein, ein Teil davon steht doch wohl mir zu.«

  – *Bessere Reaktion:* »Damit sich unser Unternehmen gegen diese Entwicklung stemmen kann, hat die von mir initiierte Projektgruppe zur Qualitätssicherung Einsparpotenziale aufgedeckt. Mit der Umsetzung dieser Erkenntnisse befasse ich mich zurzeit. Damit verbunden ist allerdings auch eine Ausweitung meiner Aufgaben, die auch finanziell entsprechend gewürdigt werden sollte.«

- Typische Phrase: »Wir müssen froh sein, dass der Betrieb überhaupt weiterlaufen kann. In unserem Unternehmensbereich sind Mittelkürzungen vorgenommen worden. Es fehlt an allen Ecken und Enden.«

Beispiel 2

  – *Ungünstige Reaktion:* »Ich wusste gar nicht, dass es so schlimm um die Firma steht.«

  – *Bessere Reaktion:* »Mit motivierten Mitarbeitern lassen sich auch Engpässe bewältigen. Seit einem halben Jahr ist sehr viel Mehrarbeit notwendig, um die dünne Personaldecke auszugleichen. Diese besonderen Anstrengungen rechtfertigen aus meiner Sicht eine Gehaltserhöhung.«

Die Undankbarkeits-Taktik

Der Vorwurf der Undankbarkeit soll Schuldgefühle wecken und dem Mitarbeiter den Entzug der freundschaftlichen Basis androhen. Mitarbeiter, die Wert auf Harmonie am Arbeitsplatz legen, lassen sich durch den angekündigten Liebesentzug oft stark verunsichern.

Unterstellt man Ihnen Undankbarkeit, sollten Sie nicht auf diesen Vorwurf eingehen. Andernfalls tappen Sie in die Falle: Man wird so lange Ihre Leistungen mit dem, was das Unternehmen für Sie getan hat, aufrechnen, bis für Sie unterm Strich nichts mehr übrig bleibt. Lassen Sie sich nicht auf eine unnötige Emotionalisierung des Gehaltsgespräches ein. Nehmen Sie dem Undankbarkeitsvorwurf den Wind aus den Segeln, indem Sie Gemeinsamkeiten betonen. Weisen Sie darauf hin, dass das Unternehmen und Sie bisher mit vereinten Kräften an einem Strang gezogen haben. Sie können durchaus Ihre Dankbarkeit bekunden oder bestätigen, dass Sie bereits Gehaltserhöhungen erhalten haben. Stellen Sie dann die Leistungen dar, die Ihrer Meinung nach eine (weitere) Gehaltserhöhung rechtfertigen.

Betonen Sie gemeinsame Anstrengungen

Wie können Sie nur?

- Typische Phrase: »Wir haben Sie doch bisher immer ganz besonders unterstützt und gefördert. Wieso können Sie nicht mit dem Erreichten zufrieden sein?«

- *Ungünstige Reaktion:* »Ich wollte ja auch nur einmal nachfragen, ob es nicht irgendeine Möglichkeit gibt, mehr Gehalt zu bekommen.«

- *Bessere Reaktion:* »Ich freue mich nach wie vor darüber, dass wir es in Zusammenarbeit mit der Personalabteilung geschafft haben, einen Entwicklungsplan für mich festzulegen. Meine Zielvorgaben habe ich stets übererfüllt. Im letzten halben Jahr habe ich mich in meiner Freizeit zum ... weitergebildet. Damit erreiche ich die nächste Stufe mei-

Beispiele

ner beruflichen Entwicklung, was sich auch im Gehalt niederschlagen sollte.«

Beispiel 2

- Typische Phrase: »Ihr letzter Gehaltssprung liegt doch noch gar nicht so lange zurück.«

  – *Ungünstige Reaktion:* »Die Lebenshaltungskosten steigen aber doch ständig.«

  – *Bessere Reaktion:* »In der Zeit seit meiner letzten Gehaltserhöhung vor … Jahren habe ich mehrfach Sonderaufgaben übernommen und leite momentan das abteilungsübergreifende Projekt … Mit den ausgeweiteten Verantwortungsbereichen sollte eine Gehaltssteigerung einhergehen.«

Die »Alle in einem Boot«-Taktik

Die »Alle in einem Boot«-Taktik soll Ihnen deutlich machen, dass für Sie keine Extrawürste gebraten werden können. Unternehmensvertreter versuchen, Sie mit dieser Taktik zu disziplinieren. Ihnen soll deutlich werden, dass nicht Ihre Einzelleistung entscheidend ist, sondern die Gesamtleistung aller Beschäftigten. Ohne den besonderen Stellenwert individueller Leistungen lässt sich aber eine Gehaltserhöhung nicht rechtfertigen. Sie wären den willkürlich festgelegten Umverteilungsschlüsseln des Unternehmens ausgeliefert.

Loben Sie Ihren Vorgesetzten

Eine erfolgversprechende Abwehrmaßnahme für die »Alle in einem Boot«-Taktik ist es, wenn Sie die besonderen Leistungen des Vorgesetzten loben. Akzeptiert er das Lob, haben Sie einen Fuß in der Tür. Sie haben dann die Bestätigung erhalten, dass individuelle Leistungen für den Erfolg des Unternehmens doch eine Rolle spielen. Jetzt können Sie auch den besonderen Stellenwert Ihrer eigenen Leistungen thematisieren. Auch zukünftig sitzen dann zwar alle noch in einem Boot, allerdings mit unterschiedlichen Rollen und unterschiedlicher Bezahlung.

Auf Kurs gebracht

Beispiele

- Typische Phrase: »Ihren Gehaltswunsch verstehe ich, ich hätte auch gerne etwas mehr Geld, aber für uns alle ist momentan nicht mehr drin.«

- Ungünstige Reaktion: »Danke für Ihr Verständnis, aber dafür kann ich mir auch nichts kaufen.«

- Bessere Reaktion: »Schön, dass wir uns einig sind, dass mir eigentlich ein höheres Gehalt zustehen würde. Ich unterstütze selbstverständlich auch vorbehaltlos Ihren eigenen Gehaltswunsch. Vielleicht lässt es sich ja im Anschluss an meine Gehaltserhöhung besser für Ihre Gehaltserhöhung argumentieren.«

- Typische Phrase: »Wir sitzen doch alle in einem Boot. Nur mit vereinten Kräften werden wir das sichere Ufer erreichen. Wenn Sie jetzt aufstehen und lauthals Forderungen verkünden, gefährdet das unsere Aufgabe.« Beispiel 2

- Ungünstige Reaktion: »Also, erstens sitzen wir hier nicht in einem Boot, sondern jeder an seinem Schreibtisch, und zweitens ist es doch wichtig, dass wenigstens einer den Überblick behält.«

- Bessere Reaktion: »Mit einem so guten Kapitän, wie Sie es sind, werden wir das sichere Ufer auf jeden Fall erreichen. Als Steuermann habe ich allerdings auch eine besondere Verantwortung für den Kurs.«

Die Gleichbehandlungs-Taktik

Sowohl in Vorstellungsgesprächen als auch in Beurteilungsgesprächen wird auf vorgetragene Gehaltswünsche vonseiten des Unternehmens gerne mit der Gleichbehandlungs-Taktik reagiert. Man versucht Ihren Gehaltswunsch mit Sachzwängen abzuwimmeln, indem man auf die Gehälter anderer Mitarbeiter verweist. Da Sie nur in Ausnahmefällen die Vergleichsgehälter kennen, können Sie schwer nachvollziehen, ob dieser Einwand tatsächlich zutreffend ist.

Auch hier sollten Sie sich nicht auf eine unproduktive Auseinandersetzung einlassen. Reden Sie nicht über die Gehälter anderer, sondern über Ihre eigenen Gehaltsvorstellungen.

Sprechen Sie über Ihre Gehaltsvorstellungen Selbst wenn Sie davon ausgehen könnten, dass die Gehälter in vergleichbaren Positionen im Unternehmen differieren oder Sie womöglich jemanden im Unternehmen kennen, der mehr verdient, als man Ihnen anbietet, lohnt sich ein Gehaltsvergleich nicht. Die Unternehmensseite wird immer Gründe finden, warum ein bestimmter Mitarbeiter ein höheres Gehalt »verdient«. Die guten Gründe für Ihren Gehaltswunsch können zu leicht untergehen: Verkaufen Sie besser Ihre eigenen Leistungen.

Die anderen bekommen weniger

Beispiele

- Typische Phrase: »Ihre Forderung würde den Unternehmensfrieden nachhaltig stören. Wenn wir Ihnen schon jetzt bei der Neueinstellung mehr zahlen, würden sich andere Mitarbeiter zurückgesetzt fühlen.«

  – *Ungünstige Reaktion:* »Es erfährt ja keiner.«

  – *Bessere Reaktion:* »In dem von mir angestrebten Aufgabenfeld spielt die von mir mitgebrachte Praxiserfahrung eine herausragende Rolle. Ich sehe keine Konkurrenzsituation zu den Mitarbeitern in Ihrem Unternehmen, sondern vielmehr die Möglichkeit, zusammen mit ihnen die Marktposition des Unternehmens auszubauen.«

Beispiel 2

- Typische Phrase: »Ihre Kollegen verdienen auch nicht mehr. Ich kann für Sie keine Sonderbehandlung veranlassen.«

  – *Ungünstige Reaktion:* »Ich möchte ja auch nicht erheblich mehr verdienen, sondern nur ein bisschen.

  – *Bessere Reaktion:* »Ich stimme Ihnen zu, dass gleiche Leistungen auch gleich bezahlt werden sollten. Meine Leistungen liegen jedoch erheblich über den festgelegten Anforderungen. Zudem habe ich mich als Einziger in der Abteilung in den Bereich ... eingearbeitet. Mein Wunsch nach Gehaltserhöhung ist daher berechtigt.«

Die Diffamierungs-Taktik

Hier wird zu härteren Methoden gegriffen: Die Diffamierungs-Taktik zielt darauf ab, dass Sie wegen eines persönlichen, beleidigenden Angriffes die Nerven oder die Lust an einer Auseinandersetzung verlieren. Der gezielte Einsatz von diffamierenden Argumenten ist eher selten, meistens nur dann zu erwarten, wenn Sie einen aufbrausenden Vorgesetzten zur falschen Zeit am falschen Ort auf eine Gehaltserhöhung ansprechen.

Lassen Sie sich nicht provozieren, steigen Sie nicht auf solche Vorwürfe ein. Denken Sie sich mit einem inneren Lächeln: »Mann, hat der heute wieder schlechte Laune!«, und bringen Sie sachliche Komponenten ins Spiel. Auch wenn Sie das Gespräch verschieben müssen, weil absehbar ist, dass eine Verhandlung zu nichts führen würde, sollten Sie nicht klein beigeben. Stellen Sie besondere Leistungen heraus und rufen Sie dem Vorgesetzten in Erinnerung, dass Sie ein wertvoller Mitarbeiter sind. Vielen cholerischen Chefs tut der Gefühlsausbruch im Nachhinein leid, sie zeigen sich dann besonders verhandlungsbereit. Wenn Sie am Ball bleiben, können Sie dies zu Ihrem Vorteil nutzen.

Konzentrieren Sie sich auf sachliche Argumente

Sie sind wohl nicht bei Trost?

- Typische Phrase: »Ich habe manchmal den Eindruck, dass unsere Halbtagskräfte mehr leisten als Sie, und dann kommen Sie und wollen sich Ihren Dienst nach Vorschrift auch noch belohnen lassen.«

- *Ungünstige Reaktion:* »Das kann doch gar nicht sein, ich opfere mich für die Firma auf, und dann kommen Sie mir so.«

Beispiele

– *Bessere Reaktion:* »Ich muss seit einiger Zeit am Arbeitsplatz außergewöhnliche Belastungen schultern, ohne dass eine Besserung in Aussicht steht. Zusätzlich zu meinen bisherigen Aufgaben habe ich ...
und ... übernommen. Dies begründet eine Gehaltserhöhung.«

- Typische Phrase: »Sie verdienen doch jetzt schon mehr, als Ihnen zusteht.«

Beispiel 2

– *Ungünstige Reaktion:* »Ich habe halt einen höheren Lebensstandard als
Sie.«

– *Bessere Reaktion:* »Die von mir verantworteten Umsatzsteigerungen
und die Erhöhung der Gewinnspanne durch bessere Bündelung der
Abteilungsaktivitäten rechtfertigen meinen Gehaltswunsch.«

Die Verunsicherungs-Taktik

Mitarbeiter oder Bewerber mit wenig ausgeprägtem Selbstbe-
wusstsein oder einer schlecht vorbereiteten Erfolgsbilanz lassen sich von Unternehmensvertretern mit der Verunsicherungs-Taktik ins Schleudern bringen. Mit der Frage, ob sich der
Mitarbeiter oder Bewerber seiner Sache wirklich sicher ist, soll
er nachdenklich gestimmt werden. Machen sich dann tatsächlich Zweifel breit, wird garantiert nachgehakt. Die Unternehmensseite schafft es auf diese Weise, den Gehaltswunsch zu
kippen oder deutlich zu reduzieren.

Mit einer gut ausgearbeiteten Erfolgsbilanz schaffen Sie
sich eine Argumentationsbasis, die Sie für Verunsicherungen
unempfindlich machen wird. Sie wissen, was Sie geleistet ha-
Ignorieren ben und können Zweifel an sich abprallen lassen. Es gibt für Sie
Sie Erschüt- zwei Möglichkeiten, auf die Verunsicherungs-Taktik zu reagie-
terungsver- ren: Zum einen können Sie die Erschütterungsversuche igno-
suche rieren und gleich in die Darstellung Ihrer Erfolgsbilanz einsteigen. Zum anderen können Sie den etwas eloquenteren Weg
gehen und deutlich machen, dass Sie keinesfalls von Selbst-

zweifeln geplagt werden, weil Sie über gute Gründe für eine Gehaltssteigerung verfügen.

Der Sicherheits-Check

- Typische Phrase: »Haben Sie sich wirklich mit allen Konsequenzen auseinander gesetzt, die diese Gehaltserhöhung für Sie haben könnte?«

– *Ungünstige Reaktion:* »Äh, ich wollte mehr Geld, was sollte sich denn für mich ändern?«

– *Bessere Reaktion:* »Ich weiß, dass die Entlohnung meiner Arbeit an die Erfolge, die ich für das Unternehmen erzielt habe, gekoppelt ist. Mit den Erfolgen bin ich ja schon in Vorleistung getreten, ich habe bereits eine sehr erfolgreiche Produkteinführung verantwortet und arbeite im Moment an dem nächsten Erfolgsprodukt unseres Unternehmens.«

- Typische Phrase: »Sind Sie sich sicher, dass Ihr Gehaltswunsch begründet und nicht nur aus einer Laune heraus entstanden ist?«

Beispiel 2

– *Ungünstige Reaktion:* »Ich hab mir gedacht, bevor ich übergangen werde, melde ich mich lieber mal bei Ihnen. Ist denn keine Gehaltssteigerung vorgesehen?«

– *Bessere Reaktion:* »Die Gründe für meinen Gehaltswunsch liegen in dem ausgeweiteten Aufgabenspektrum, das ich übernommen habe. Zu meinen bisherigen Aufgaben sind die Aufgaben ... und ... hinzugekommen.«

Die »Ich bin doch nur ein kleines Licht«-Taktik

Die Taktik, sich für nicht zuständig zu erklären, wird in Unternehmen gerne genutzt, um sich nicht mit lästigen Angelegenheiten herumschlagen zu müssen. In Gehaltsverhandlungen ist die Verweigerung einer Entscheidung ein besonderer Trick, da Ihr direkter Vorgesetzter nicht ohne weiteres übergangen werden kann. Auch wenn erst weiter oben in der Firmenhierarchie über Gehaltsfragen entschieden wird, muss doch der Vorgesetzte zuerst sein »Okay« zu den Gehaltsvorstellungen signalisieren. Schließlich ist nur er in der Lage, Ihr Profil und Ihre beruflichen Leistungen einzuschätzen. Es handelt sich also um eine perfide Falle, die besonders gerne von so genannten Umfallern benutzt wird. Diese Führungskräfte versuchen, sich so wenig wie möglich festzulegen, und reagieren letztendlich nur auf Druck von oben.

Um diese Falle zu umgehen, müssen Sie gute Miene zum bösen Spiel machen: Versichern Sie dem Vorgesetzten, dass Sie wirklich nur über Ihr Profil oder über Ihre Leistungsbilanz reden wollen. Stellen Sie aber heraus, dass Sie die Gehaltsverhandlung dann separat direkt mit den zuständigen Instanzen **So umgehen** führen werden. So zeigen sie, dass es Ihnen ernst mit dem **Sie die Falle** Wunsch nach einer Gehaltserhöhung ist. Die Leistungsbilanz kann Ihnen nur schwerlich verweigert werden. Sollte Ihr Gesprächspartner tatsächlich nicht für Gehaltsfragen zuständig sein, holen Sie dann sein Einverständnis ein, sich an einen Entscheidungsbefugten zu wenden. Ist die »Ich bin doch nur ein kleines Licht«-Taktik dagegen nur vorgeschoben, wird Ihr Gesprächspartner sich mit Ihren Gehaltswünschen auseinander setzen müssen, um seinem Vorgesetzten gegenüber nicht das Gesicht zu verlieren. In beiden Fällen werden Sie Ihr Ziel, in Gehaltsverhandlungen einzusteigen, erreichen.

Steine in den Weg gelegt

Beispiele

- Typische Phrase: »Die Entscheidung über eine Gehaltserhöhung kann ich selbst gar nicht treffen. Für diesen Bereich sind andere zuständig.«

- *Ungünstige Reaktion:* »Es ist Ihre Pflicht, sich für Ihre Mitarbeiter einzusetzen. Ich erwarte, dass Sie meine Gehaltswünsche durchsetzen.«

– *Bessere Reaktion:* »Ich möchte mich mit Ihnen über die Beurteilung meiner Leistungen unterhalten. Als direkter Vorgesetzter sind Sie am besten in der Lage, meine Arbeit zu bewerten. Mit den entsprechenden Ergebnissen wende ich mich auch gerne direkt an die Geschäftsleitung, um dort das Gehaltsgespräch zu führen.«

• *Typische Phrase:* »Ich werde mich bei Gelegenheit für Sie einsetzen, allerdings kann ich Ihnen nichts versprechen.«

Beispiel 2

– *Ungünstige Reaktion:* »Sie lassen mich dann das Ergebnis wissen, nicht wahr?«

– *Bessere Reaktion:* »Wenn Sie mir eine Empfehlung mit auf den Weg geben, werde ich Ihnen die Arbeit gerne abnehmen. Sagen Sie mir nur, bei wem ich vorstellig werden muss, um Gehaltsfragen zu besprechen.«

Die »Mein kleiner Liebling«-Taktik

Auch wenn Sie von Unternehmensvertretern in den höchsten Tönen gelobt werden, setzt man häufig nur auf Ihre emotionale Reaktion. Das Lob soll Sie einlullen und nachgiebig machen. Mit der »Mein kleiner Liebling«-Taktik kann die Absicht verbunden sein, Gehaltsgespräche auf unbestimmte Zeit zu vertagen, ohne dass große Gegenwehr geleistet wird. Die meisten Mitarbeiter vermuten nichts Böses, wenn sie einem freundlichen und äußerst gut gelauntem Chef gegenübersitzen. Aber Achtung: Vielleicht will der Vorgesetzte Sie in Ihren Gehaltswünschen auf diese Weise beschwichtigen.

Lassen Sie sich nicht ablenken. Arbeiten Sie auf die Darstellung Ihrer Erfolgsbilanz hin. Greifen Sie das Lob des Vorgesetzten auf und betonen Sie die gute Zusammenarbeit. Machen Sie im weiteren Verlauf des Gespräches deutlich, wie wichtig Ihre Leistungen für die Abteilung sind. Schließlich kann Ihr Vorgesetzter sich nur dann mit guten Ergebnissen schmücken, wenn Sie eine entsprechend gute Vorarbeit leisten.

Lassen Sie sich nicht ablenken

Eingewickelt

Beispiele

- Typische Phrase: »Sie wissen doch, dass Sie mein wichtigster Mitarbeiter sind. Natürlich stehe ich vorbehaltlos hinter Ihnen. Zu gegebener Zeit sollten wir uns wirklich einmal um eine Gehaltserhöhung für Sie kümmern. Momentan ist allerdings der falsche Zeitpunkt für Forderungen.«

  - *Ungünstige Reaktion:* »Ich wusste gar nicht, dass es zur Zeit keinen Spielraum für Gehaltserhöhungen gibt.«

  - *Bessere Reaktion:* »Vielen Dank für Ihre Unterstützung. Dass ich im Einkauf verbesserte Konditionen heraushandeln konnte, kommt ja letztendlich auch dem Ruf der Abteilung zugute. Seit einem halben Jahr betreue ich das Projekt zur optimierten Lieferantenintegration. Auch dort sind wieder erhebliche Kostenvorteile zu erwarten. Wenn Sie mir den Rücken stärken, wird die Geschäftsführung meine besonderen Anstrengungen sicherlich auch mit einem entsprechenden Gehaltssprung honorieren.«

Beispiel 2

- Typische Phrase: »Finden Sie nicht auch, dass unser Team wirklich gut zusammenarbeitet? Ihnen bringt die Arbeit doch auch Spaß; es lohnt sich doch gar nicht, für die paar Mark netto so einen Aufstand zu machen.«

  - *Ungünstige Reaktion:* »Vom Spaß kann ich nicht leben, ich will endlich gutes Geld verdienen.«

  - *Bessere Reaktion:* »Die Zusammenarbeit klappt wirklich sehr gut. Allerdings liegt das auch daran, dass ich für die Teamsitzungen das entsprechende Zahlenmaterial zusammenstelle, für die Analyse zuständig bin und Entscheidungen vorbereite. Diese besonderen Tätigkeiten sind der Grund für meinen Gehaltswunsch.«

Die Fehlersuche-Taktik

Statt Lob steht bei der Taktik der Fehlersuche Kritik an erster Stelle. Personalverantwortliche und Vorgesetzte suchen Schwachstellen in Ihrer bisherigen Entwicklung, um Ihren Gehaltswunsch ad absurdum zu führen. Statt mit Ihnen über Ihre besonderen Leistungen zu sprechen, die eine Gehaltserhöhung rechtfertigen könnten, versucht man Sie in ein Gespräch über Ihre Fehler zu verwickeln. Gelingt dies, haben Sie Ihre Argumentationsbasis für eine Gehaltsverhandlung verloren.

Lassen Sie sich nicht von der Kritik an einmaligen Ausrutschern oder seltenen Patzern aus dem Konzept bringen; insbesondere, wenn diese Fehler in weiter Vergangenheit liegen und damit überhaupt nichts in der jetzigen Gehaltsverhandlung zu suchen haben. Wenn Sie Gründe aufzeigen können, warum ein von Ihnen geliefertes Arbeitsergebnis nicht optimal ausfallen konnte, sollten Sie diese den entsprechenden Vorwürfen gegenüberstellen. Hat die vorgebrachte Kritik nichts mit Ihren momentanen Leistungen zu tun, dann sollten Sie auf eine Replik verzichten und gleich in die Darstellung Ihrer besonderen Erfolge einsteigen.

Gehaltsverhandlungen sind keine Kritikgespräche

Sünden der Vergangenheit

- *Typische Phrase:* »Bei Ihren Leistungen ist ja auch nicht alles Gold, was glänzt. Ich weiß noch, dass wir Schwierigkeiten hatten, Ihre Fehler in der Produktionsumstellung wieder auszubügeln.«

– *Ungünstige Reaktion:* »Tut mir leid, so etwas wird nie wieder vorkommen.«

– *Bessere Reaktion:* »Die Abstimmung von Hard- und Software war damals schwierig; damit hatte man aber von vornherein gerechnet. Seither habe ich in der Automatisierung erfolgreiche Arbeit geleistet. Die Fertigungsanlagen können jetzt flexibler ausgelastet werden. Meinen Gehaltswunsch kann ich mit der von mir erzielten Minimierung der Umrüstzeiten in der Produktion begründen.«

Beispiele

- *Typische Phrase:* »Ich habe hier eine Aufstellung der Umsatzentwicklung, dort sind deutliche Minuskurven zu erkennen. Glauben Sie nicht, dass Sie in der Vergangenheit auch Fehler gemacht haben?«

Beispiel 2

Aggressive Argumente und einschüchternde Phrasen **119**

- *Ungünstige Reaktion:* »Sie erwarten doch wohl nicht, dass ich den Kopf für alles hinhalte, was in der Firma schief geht.«

- *Bessere Reaktion:* »Die Umsätze sind gerade in den letzten beiden Quartalen stark gestiegen. Natürlich musste dieser Erfolg vorbereitet werden. Die von mir initiierten Marketingkampagnen machen sich positiv bemerkbar, was die aktuellen Zahlen bestätigen. Daher halte ich eine Gehaltssteigerung für gerechtfertigt.«

Die Vernebelungs-Taktik

Behalten Sie Ihre Ziele im Blick Es gibt Personalverantwortliche oder Vorgesetzte, die versuchen, Sie vom Thema Gehalt abzubringen. Sie greifen dann zu langatmigen Ausführungen über ihre eigenen Berufserfahrungen oder berichten über Dinge, die mit dem Gehalt beim besten Willen nichts zu tun haben. Nicht immer wird die Vernebelungs-Taktik absichtlich eingesetzt, manche Menschen neigen einfach dazu, vom Thema abzuschweifen. Problematisch wird es, wenn Sie sich auf so eine Erzählstunde einlassen. Der Personalverantwortliche oder Vorgesetzte wird sich dann zwar an das nette Gespräch mit Ihnen erinnern können, worum es aber eigentlich ging, hat er vergessen. Nur wenn Sie mit Ihrem Gehaltswunsch zu Ihrem Gesprächspartner durchdringen, können Sie darauf hoffen, dass Ihre Vorstellungen auch weitergeleitet werden.

Übernehmen Sie die Initiative Ihre vordringliche Aufgabe muss es sein, das Gespräch wieder auf das Gehaltsthema zurückzuführen. Seien Sie dabei nicht zu schroff, da Sie sich sonst vorhandene Sympathien verscherzen könnten. Übernehmen Sie im Gespräch die Initiative und setzen Sie Ihre Erfolgsbilanz ein. Argumentieren Sie mit konkreten Begründungen für eine von Ihnen angestrebte Gehaltserhöhung.

Nebelwerfer

Beispiele

- Typische Phrase: »Wissen Sie, damals, als ich in meinem Beruf anfing, waren die Zeiten ja viel schwieriger. Die Wochenarbeitszeit betrug 50 Stunden, aber was wir an Gehalt kriegten, langte kaum für das Lebensnotwendige. Trotzdem haben wir uns an der Abendschule weiterqualifiziert. Das Arbeitsleben ist nun mal kein Zuckerlecken.«

– *Ungünstige Reaktion:* »Was habe ich mit Ihrer Leidensgeschichte zu tun?«

– *Bessere Reaktion:* »Ich habe es mir in meiner beruflichen Entwicklung auch nicht leicht gemacht. Der Grund, warum ich dieses Gespräch mit Ihnen gesucht habe, ist ja, dass ich seit 18 Monaten die Mehrbelastung durch das Sonderprojekt Vertriebscontrolling trage. Jetzt beginnt die Umsetzung der Erkenntnisse, was weiterhin erhebliche Mehrbelastung mit sich bringen wird.«

- Typische Phrase: »Ist Ihnen eigentlich klar, wie gut Sie es haben? Gerade gestern habe ich einen Bericht über die Arbeitsbedingungen in Korea im Fernsehen gesehen. Da kann man doch nur froh sein, im richtigen Land geboren zu sein.« Beispiel 2

– *Ungünstige Reaktion:* »Ich weiß ja, dass ich eigentlich keinen Grund habe, mich zu beschweren.«

– *Bessere Reaktion:* »Ich glaube, damit kommen wir vom Thema ab. Wir wollten uns doch mit der Beurteilung meiner Leistungen auseinander setzen. Ich habe für Sie die von mir erledigten Sonderaufgaben und Projekte einmal zusammengestellt. Die Gründe für meine Gehaltsverbesserung sind ...«

Die »Licht und Schatten«-Taktik

Mit der »Licht und Schatten«-Taktik werden Sie einem Wechselbad der Gefühle ausgesetzt. Zuerst lobt man Sie und signalisiert Ihnen Respekt und Anerkennung für Ihre Arbeitsleistungen. Dann wird plötzlich auf Kritik umgeschaltet: Ihr Wunsch nach mehr Gehalt wird als eklatante Fehlleistung in einem ansonsten makellosen beruflichen Auftreten kommentiert. Ihnen soll deutlich werden, dass Ihre Forderung ein schlechtes Licht auf Sie werfen könnte. Mit diesem Hinweis sollen Sie eingeschüchtert werden.

Ihre Leistungen gehören ins Rampenlicht Lassen Sie sich nicht zwischen Lob und Kritik zerreiben. Ihre – von der Gegenseite hervorgehobenen – guten beruflichen Leistungen begründen ja schließlich Ihren Gehaltswunsch. Gehen Sie möglichst schnell zur Argumentation mit Ihrer Erfolgsbilanz über und ignorieren Sie die angriffslustige Äußerung Ihres Gesprächspartners.

Sie sind doch sonst nicht so

Beispiele

- Typische Phrase: »Ich erkenne Sie gar nicht wieder. Sie stehen doch sonst mit beiden Beinen fest auf der Erde und können Ihre Möglichkeiten einschätzen. Und jetzt kommen Sie mir mit so einem Luftschloss.«

– *Ungünstige Reaktion:* »Halten Sie meine Gehaltsvorstellung wirklich für unrealistisch?«

– *Bessere Reaktion:* »Meine Argumente für eine Gehaltserhöhung sind gut begründet. Meiner Einschätzung nach habe ich dazu beigetragen, die Wettbewerbsposition unseres Unternehmens entscheidend zu verbessern. Dies sollte auch angemessen honoriert werden.«

- **Beispiel 2** Typische Phrase: »Die Praxisnähe, die Ihre bisherige Arbeit so positiv beeinflusst hat, scheint Ihnen bei Ihren Gehaltsvorstellungen abhanden gekommen zu sein.«

– *Ungünstige Reaktion:* »Das Management liefert uns doch öfter sehr gewagte Vorgaben; da befinde ich mich doch in guter Gesellschaft.«

– *Bessere Reaktion:* »Die Erfolge, die sich aufgrund meiner praxisnahen Arbeit eingestellt haben, sind für das Unternehmen ein Gewinn gewesen. Ich bin der Meinung, dass das ein guter Grund für eine Gehaltserhöhung ist.«

Die Häppchen-Taktik

Ihre Position ist nicht die schlechteste, wenn Sie es mit der Häppchen-Taktik zu tun bekommen. Grundsätzlich hat sich der Personalverantwortliche oder Vorgesetzte dann schon dafür entschieden, Ihnen ein höheres Gehalt zuzubilligen. Allerdings wird er versuchen, den Preis noch kräftig zu drücken. Vielleicht lassen Sie sich ja mit einem für das Unternehmen günstigen Angebot abspeisen. Da es aber einige Zeit bis zum nächsten Gehaltsgespräch dauern wird, müssten Sie dann vorerst damit leben. Verlassen Sie sich also nicht auf die Devise: »Wenn ich jetzt nur ein bisschen mehr kriege, folgt der große Sprung eben später.«

In der Regel können Sie Ihren Gehaltswunsch nicht komplett durchsetzen; eine gewisse Verhandlungsbereitschaft sollten Sie schon zeigen. Setzen Sie sich vor dem Gehaltsgespräch eine Untergrenze, die für Sie akzeptabel ist. Auf zu geringe Angebote sollten Sie aber nicht eingehen. Verweisen Sie darauf, dass Sie sich über übliche Gehälter informiert haben und dass Ihr Gehaltswunsch begründet ist. Ihre Verhandlungsposition ist günstig, schließlich hat man Ihnen mit dem (zu geringen) Angebot signalisiert, dass ein höheres Gehalt möglich ist.

Setzen Sie eine für Sie akzeptable Untergrenze fest

Von Krümeln wird man nicht satt

- Typische Phrase: »Sie fordern einfach zu viel. Ich bin bereit, Ihnen entgegenzukommen. Sie dürfen Ihren firmeneigenen Laptop auch für private Zwecke nutzen. Das ist doch ein tolles Angebot.«

- *Ungünstige Reaktion:* »Das macht doch eh jeder.«

Beispiele

- *Bessere Reaktion:* »Danke für Ihre humorvolle Einlage. Den Laptop muss ich sowieso ständig mit mir rumtragen, da ich auch abends noch Gespräche mit Kunden führe. Mein besonderer Einsatz für die

Firma, der sich an der Zahl der gestiegenen Vertragsabschlüsse zeigt, rechtfertigt sicherlich eine echte Gehaltserhöhung.«

Beispiel 2

- **Typische Phrase:** »Ich kann Ihnen bestenfalls Hoffnungen auf eine geringe Gehaltserhöhung machen. Wenn ich es schaffen sollte, für Sie 30 Prozent Ihrer Forderung durchzusetzen, müssen Sie schon froh sein.«

  - *Ungünstige Reaktion:* »Das wäre doch immerhin schon ein Anfang.«

  - *Bessere Reaktion:* »Ich traue Ihnen mehr Durchsetzungsfähigkeit zu. Die von mir genannten Begründungen für meine Gehaltserhöhung, wie die erzielte Qualitätsverbesserung und die geringere Ausschussquote, sind doch plausibel.«

So reagieren Sie souverän

Im Abschnitt »Die Bösen 13: aggressive Argumenten und einschüchternde Phrasen« haben Sie gesehen, dass die Zielrichtung generell die ist, Sie von der eigentlichen Gehaltsverhandlung abzulenken. Sie werden in Diskussionen verwickelt, in denen Sie sich nur schwer verteidigen können. Besonders wenn Gehaltsgespräche emotionalisiert werden, bleibt die sachliche Auseinandersetzung mit dem eigentlichen Thema auf der Strecke. Lassen Sie sich auf die falsche Fährte locken, indem Sie in eine emotionale Auseinandersetzung einsteigen, haben Sie eigentlich schon verloren.

Das Problem mit den unkontrollierten Emotionen besteht darin, dass Sie mehr als eine verpatzte Gehaltserhöhung verlieren können. Sie können den Arbeitsfrieden nachhaltig trüben und sich die Unterstützung von Vorgesetzten verspielen, wenn Sie sich zu unbedachten Äußerungen hinreißen lassen. Vor diesem Szenario haben viele Mitarbeiter Angst. Überlegungen, wie Sie sich gegen Vorgesetzte durchsetzen könnten, führen in die falsche Richtung. Wird die sachliche Ebene verlassen, bleiben

Bleiben Sie auf der Sachebene

die Interessen aller Beteiligten auf der Strecke: Das Unternehmen riskiert demotivierte Arbeitskräfte, die mehr an die (innere) Kündigung denken als an die Lösung ihrer beruflichen Aufgaben. Bewerber verspielen ihre Chance, in einem interessanten Tätigkeitsbereich anfangen zu können, und Mitarbeiter riskieren Verstimmungen am Arbeitsplatz.

Dass Sie Streit aus dem Weg gehen sollten, heißt natürlich nicht, dass Sie klein beigeben müssen. Für Ihre Gehaltswünsche sollten Sie schon offensiv eintreten, Ihren Einsatz aber lieber auf die Sachebene beschränken. Bei Angriffen, Anschuldigungen und Verleumdungen ist es überaus ratsam, das Gespräch schnell zu einer sachlichen Auseinandersetzung zurückzuführen. **Vertreten Sie Ihre Wünsche deutlich, aber überlegt**

Die Ruhe zu bewahren ist allerdings leichter gesagt als getan. Damit Ihnen das gelingen kann, stellen wir Ihnen nun Gesprächstechniken vor, mit denen Sie unfairen Verhandlungsstrategien begegnen können. Wenn Sie gute Antworten auf unsachliche Einwände einfach nur auswendig lernen, haben Sie noch längst nicht die Flexibilität gewonnen, die für Gehaltsverhandlungen wichtig ist. Sie müssen schließlich auch auf anders formulierte Störversuche reagieren können. Gewinnen Sie das notwendige Verhandlungsgeschick, steigern Sie mit den folgenden Gesprächstechniken Ihre Souveränität in Gehaltsverhandlungen: **Nutzen Sie die richtigen Gesprächstechniken**

- Wir-Gefühl herstellen
- gegenseitigen Gewinn in Aussicht stellen
- teilweise Zustimmung signalisieren
- »Ja, aber«-Technik einsetzen
- offene Fragen verwenden
- taktisch loben
- Verantwortung herausstreichen

Es ist immer auch eine Frage der Taktik

Wir-Gefühl herstellen

Wenn man versucht, Ihren Gehaltswunsch als egoistisch abzu-
stempeln, oder Ihnen vorwirft, dass die geforderte Gehaltserhöhung andere Interessen des Unternehmens verletzt, können
Sie mit Wir-Gefühl-Formulierungen die Auseinandersetzung
auf eine sachliche Ebene zurückführen. Wehren Sie sich gegen
Isolierungsversuche: Thematisieren Sie Gemeinsamkeiten,
ohne Ihre individuellen Leistungen unter den Tisch fallen zu
lassen.

Ihre Appelle an das Wir-Gefühl, das zwischen Ihnen und dem

Betonen Sie Vorgesetzten oder Ihnen und der gesamten Abteilung besteht,
gemeinsame helfen Ihnen, einer feindseligen Atmosphäre vorzubeugen. Be-
Ziele tonen Sie Ihre gemeinsamen Ziele, streichen Sie bisherige Erfolge heraus und erinnern Sie an die gute Zusammenarbeit.

Die Überleitung zu Ihrer Erfolgsbilanz gelingt auf der Basis
eines Wir-Gefühls leichter, als wenn der Eindruck entsteht,
dass Sie sich rücksichtslos auf Kosten des Unternehmens berei-
chern wollen. Vorsicht: Ertrinken Sie nicht in Harmonie. Wenn
Sie zu sehr die gemeinschaftlichen Anstrengungen betonen, ge-

hen Ihre individuellen Leistungen unter. Die Kunst, in Gehaltsgesprächen ein Wir-Gefühl herzustellen und für die Durchsetzung der eigenen Interessen zu nutzen, besteht darin, sich nicht zu lange beim »Wir« aufzuhalten. Leiten Sie geschickt zum »Ich« über, indem Sie Ihre überdurchschnittlichen Anstrengungen in den Vordergrund stellen.

Gemeinsamkeit schafft Einverständnis

Wir-Gefühl 1: »Wir haben in der Abteilung viel erreicht, mein Anteil war ...«

Wir-Gefühl 2: »Unsere gute Zusammenarbeit hat sich bewährt, meine Gutachten waren stets die verlässliche Basis für ...«

Beispiele

Wir-Gefühl 3: »Wir haben mit der von mir betriebenen Qualitätsoffensive eine herausragende Position im Unternehmen erreicht. Deshalb möchte ich ...«

Gegenseitigen Gewinn in Aussicht stellen

Eine für friedliche Gehaltsgespräche wesentliche Taktik sieht so aus, dass man beide Seiten als Gewinner darstellt. Lassen Sie sich nicht unterschieben, dass Sie unberechtigte Forderungen stellen. Beziehen Sie den Standpunkt des Unternehmens in Ihre Argumentation mit ein und machen Sie deutlich, welche Vorteile ihm aus der Erfüllung Ihrer Gehaltswünsche entstehen.

Verteidigen Sie Ihr Anliegen, indem Sie die Perspektive wechseln und von sich aus die Befürchtungen der Unternehmensseite entkräften. Personalverantwortlichen oder Vorgesetzten wird der Wind aus den Segeln genommen, wenn Sie plausibel darlegen, dass das Unternehmen von Ihrer Gehaltssteigerung profitieren kann.

Wechseln Sie die Perspektive

Zwei Gewinner

Gegenseitiger Gewinn 1: »Die von mir verantwortete Produkteinführung hat die Marktposition des Unternehmens verbessert. Auch die nächste Produkteinführung wird wieder gute Gewinne einfahren. Dies rechtfertigt meine Gehaltserhöhung.«

Gegenseitiger Gewinn 2: »Eine Reduzierung der Mitarbeiterfluktuation zahlt sich für das Unternehmen aus. Die von mir entwickelten Bausteine der Personalentwicklung haben dazu beigetragen.«

Gegenseitiger Gewinn 3: »Ich bearbeite seit einem halben Jahr zusätzlich die Aufgaben eines ausgeschiedenen Kollegen. Ein finanzieller Ausgleich für meine Mehrarbeit erspart dem Unternehmen die Neubesetzung der Stelle.«

Teilweise Zustimmung signalisieren

Berechtigten oder unberechtigten Einwänden gegen eine Gehaltserhöhung können Sie auch mit der Methode der teilweisen Zustimmung entgegentreten. Die Einwände, die gegen Ihre Gehaltserhöhung vorgebracht werden, sind meist allgemeiner Natur und haben mit Ihrer besonderen Situation nur sehr wenig zu tun. Daher können Sie durchaus zustimmen, dass »die Zeiten schlecht sind«, »heute alles viel schwieriger ist als früher«, »der Wettbewerb viel gnadenloser geworden ist« oder »die Globalisierung durchschlägt«.

Danach sollten Sie aber sofort auf Ihre individuellen Leistungen zu sprechen kommen und verdeutlichen, wie wichtig es **Aktive** ist, mit persönlichem Einsatz gegen Schwierigkeiten anzuge- **Problemlöser** hen. So können Sie der Mischung aus Selbstmitleid und **sind gefragt** Schuldvorwurf aus dem Weg gehen und sich als aktiver Problemlöser darstellen: Gerade in schwierigen Zeiten ist es wichtig, gute Mitarbeiter bei der Stange zu halten.

Ihre Bedenken sind teilweise berechtigt

Teilweise Zustimmung 1: »Die Lage im Unternehmen ist derzeit tatsächlich angespannt. Umso wichtiger sind die von mir erarbeiteten Rationalisierungsmaßnahmen, deren Umsetzung erst teilweise abgeschlossen ist.«

Teilweise Zustimmung 2: »Ein Gehaltswunsch darf nicht aus einer Laune heraus entstehen, da gebe ich Ihnen völlig Recht. Mein Wunsch ist begründet mit ...«

Teilweise Zustimmung 3: »Sicherlich wäre es schön, wenn sich die Arbeitsbelastung reduzieren ließe, momentan geht es aber darum, mit den erhöhten Anforderungen zu leben. Die Mehrarbeit sollte mit einer Gehaltssteigerung vergütet werden.«

»Ja, aber«-Technik einsetzen

Die »Ja, aber«-Technik ist in ihrer einfachsten Variante die schnellste Möglichkeit, einen Einwand vom Tisch zu wischen. Statt »Nein« zu sagen, formulieren Sie etwas freundlicher »Ja, aber ...«. Das ist durchaus sinnvoll, um die Gesprächsstimmung nicht unnötig zu verderben. So verhalten Sie sich souveräner als mit einem patzigen »Nein« zu den Äußerungen der Personalverantwortlichen oder Vorgesetzten und umgehen das Risiko, als Blockierer dazustehen.

Statt wortwörtlich »Ja, aber ...« zu sagen bietet es sich an, die Formulierung zu variieren. Das wirkt lebendiger und ist von der Gegenseite auch nicht so leicht zu durchschauen. Geeignete Abwandlungen, mit denen Sie operieren können, lauten: »Sicherlich, bedenken Sie aber auch ... «, »Ein interessanter Vorschlag, allerdings ...« oder »Dies mag für andere zutreffen, jedoch ... «.

Die freundliche Unterbrechung führt zurück zum Thema

Wenn Sie Ihren Gesprächspartner freundlich unterbrechen möchten, damit er sich nicht in Rage redet oder vom Hölzchen aufs Stöckchen kommt, können Sie die »Ja, aber«-Technik ebenfalls gut einsetzen. Sie haben damit ein Werkzeug zur Hand, mit dem Sie sich genügend eigene Gesprächsanteile sichern können.

Zurück zum Thema

»Ja, aber« 1: »Ein interessanter Einwurf, aber tatsächlich geht es doch um ...«

»Ja, aber« 2: »Wenn Sie es so sehen wollen gut, mir geht es aber darum ...«

»Ja, aber« 3: »Es ist durchaus richtig, dass alle Mitarbeiter zum Unternehmenserfolg beitragen, allerdings geht es in diesem Gespräch um die Beurteilung meiner individuellen Leistung.«

Offene Fragen verwenden

Um nach Einschüchterungsversuchen vonseiten der Vorgesetzten oder Personalverantwortlichen die Initiative zurückzugewinnen, können Sie offene Fragen einsetzen. Damit durchbrechen Sie die Blockadehaltung Ihres Gesprächspartners und bringen ihn dazu, selbst konstruktive Vorschläge zu machen.

Erfragen Sie Informationen Offene Fragen sind Fragen, die sich nicht einfach mit Ja oder Nein beantworten lassen. Mithilfe geeigneter Fragewörter, beispielsweise »wie«, »was«, »welche« oder »wieso«, lassen sich Informationen einholen, die sich in die eigene Gesprächsstrategie einbauen lassen. Wenn die Unternehmensseite ihre betriebsinternen Erwartungen erläutert hat, können Sie das nutzen, um deutlich zu machen, dass Sie genau diese Anforderungen erfüllen. Personalverantwortlichen und Vorgesetzten wird es dann sehr viel schwerer fallen, Ihre Gehaltswünsche zurückzuweisen.

Der Ball wird zurückgespielt

Offene Fragen 1: »Welche Argumente würden denn aus Ihrer Sicht die Geschäftsleitung besonders beeindrucken?«

Offene Fragen 2: »Welche Gründe sprächen denn aus Ihrer Sicht für eine Gehaltserhöhung?«

Offene Fragen 3: »Wie bewerten Sie die Mehrbelastung durch die dünne Personaldecke?«

Beispiele

Taktisch loben

Die emotionale Ebene in Gehaltsgesprächen ist keine Einbahnstraße: Auch Sie können Einwänden von Vorgesetzten oder Personalverantwortlichen mithilfe gezielter Streicheleinheiten begegnen. Es wird Ihrem Gesprächspartner schwer fallen, weiterhin auf Konfrontationskurs zu bleiben, wenn Sie ihn als durchsetzungsstarke Persönlichkeit, kompetenten Vorgesetzten oder integre Führungskraft gelobt haben. Er wird nur ungern Ihre positive Einschätzung durch inadäquates Handeln torpedieren wollen.

Sie nehmen der Gesprächssituation die Schärfe, indem Sie das bisherige Verhalten Ihres Vorgesetzten oder Personalverantwortlichen loben und so vermeiden, dass unnötige Fronten aufgebaut werden. Damit geben Sie einer kooperativen Atmosphäre eine erneute Chance. Ein taktisches Lob im richtigen Moment verschafft Ihnen die notwendige Aufmerksamkeit für Ihr Anliegen.

Komplimente im Einsatz

Taktisch loben 1: »Ich kenne Sie ja als Vorgesetzte, die die Belange ihrer Mitarbeiter auch in der Chefetage vertritt.«

Beispiele

Taktisch loben 2: »Die guten Entwicklungsmöglichkeiten, die ich im Unternehmen vorgefunden habe, habe ich gerne genutzt und möchte nun auch den nächsten Schritt machen.«

Taktisch loben 3: »Die überaus offene Gesprächsatmosphäre in den Bewerberinterviews hat meinen Wunsch bestärkt, hier in diesem Unternehmen tätig zu werden. Ich glaube, dass wir uns auf jeden Fall einig werden.«

Verantwortung herausstreichen

Appellieren Sie an die Zuständigkeit Ihres Vorgesetzten

Nehmen Sie den Vorgesetzten oder Personalverantwortlichen ruhig in die Pflicht, falls er versucht, Sie mit aggressiven Argumenten oder einschüchternden Phrasen zu demotivieren. Besonders wenn Ihr Gegenüber den Standpunkt vertritt, für Ihre Gehaltswünsche nicht zuständig zu sein, sollten Sie ihm seine Verantwortung klar machen. Es mag durchaus richtig sein, dass Vorgesetzte oder Personalverantwortliche nicht eigenwillig über Gehaltsaufstockungen entscheiden können. Die Bewertung Ihrer Leistung, Ihrer Entwicklung oder Ihres Profils gehört aber zu ihren wesentlichsten Aufgaben.

Punkten Sie mit einer überzeugenden Erfolgsbilanz

Entscheidend für Sie ist, dass Sie den ersten Schritt machen und zu einer Bewertung Ihrer Erfolgsbilanz kommen. Stellt sich der Vorgesetzte oder Personalverantwortliche stur, müssen Sie im Notfall auf den zweiten Schritt, nämlich die Klärung von Gehaltsfragen, verzichten. Meistens ist es aber so, dass der Grund, Ihnen ein Gehaltsgespräch zu verweigern, nicht an mangelnden Zuständigkeiten liegt. Es handelt sich dann vielmehr um ein vorgeschobenes Argument, um Sie abzuwimmeln. Gelingt es Ihnen erst einmal, in ein Beurteilungsgespräch über Ihre Leistungen einzusteigen, ist der Widerstand oft gebrochen. Sie haben es dann selbst in der Hand, mit einer gut präsentierten Erfolgsbilanz zu punkten.

In die Pflicht nehmen

Verantwortung herausstreichen 1: »Wenn nicht Sie als mein Vorgesetzter, wer dann sollte meinen Wunsch nach einer Gehaltserhöhung unterstützen?«

Verantwortung herausstreichen 2: »Auch wenn Sie nicht das letzte Wort haben, bin ich doch sicher, dass man auf Sie hören wird, wenn Sie meine Argumente weitergeben.«

Verantwortung herausstreichen 3: »Ich wende mich an Sie, da Sie am besten meine Leistungen beurteilen können, schließlich arbeiten wir schon seit langer Zeit vertrauensvoll zusammen.«

Beispiele

Stärken Sie Ihre Abwehrkräfte

Damit Sie in Gehaltsgesprächen nicht von unfairen Angriffen überrollt werden, sollten Sie schon jetzt üben, sich dagegen zu wehren. An unseren Beispielen haben Sie gesehen, dass es möglich ist, Angriffe ins Leere laufen zu lassen und Einwände zu entkräften. Der größte Fehler ist es, sich auf unproduktive Auseinandersetzungen einzulassen und das Gehaltsgespräch unnötig zu emotionalisieren.

Wir haben Ihnen Gesprächstechniken vorgestellt, die Ihnen dabei helfen werden, gar nicht erst in eine Streitsituation hineinzuschlittern. Als gelassener Gesprächspartner strahlen Sie die Souveränität aus, die Unternehmensvertreter beeindrucken wird. Ihre Chancen, das für Sie optimale Ergebnis zu erzielen, werden sich entscheidend vergrößern.

Beeindrucken Sie durch Gelassenheit

Der Rat, auf einen Angriff nicht mit einem Gegenangriff zu reagieren oder den Rückzug anzutreten, klingt zuerst etwas ungewohnt. Die Anwendung unserer Gesprächstechniken wird Ihnen neue Handlungsmöglichkeiten eröffnen. Sie werden lernen, Angriffe an sich abprallen zu lassen und Ihrerseits die richtigen Impulse zu setzen. So können Sie das Gespräch in die von Ihnen gewünschte Richtung lenken.

Führen Sie nun die Übung »Einschüchternde Phrasen und aggressive Argumente entkräften« durch, um sich mit der Abwehr von unfairen Gesprächstechniken vertraut zu machen.

Einschüchternde Phrasen und aggressive Argumente entkräften

Übung

Trainieren Sie in dieser Übung, möglichst schnell wieder zu Ihrer Erfolgsbilanz zurückzukehren, um die sachliche Auseinandersetzung voranzutreiben. Es wird für Sie eher von Nachteil sein, wenn Sie sich zu häufig und lange vom eigentlichen Thema abbringen lassen. Versuchen Sie mit wenigen Sätzen, wieder zum Kern der Gehaltsverhandlung zurückzukehren. Wenden Sie dabei die von uns erläuterten Gesprächstechniken an: Lernen Sie, ein Wir-Gefühl herzustellen, trainieren Sie, einen gegenseitigen Gewinn in Aussicht zu stellen, signalisieren Sie teilweise Zustimmung, setzen Sie die Ja, aber-Technik ein, verwenden Sie offene Fragen, setzen Sie Lob taktisch ein oder streichen Sie die Verantwortung Ihres Gesprächspartners heraus.

Damit Sie sich an die Atmosphäre in Gehaltsverhandlungen gewöhnen können, sollten Sie ein Rollenspiel durchführen. Lassen Sie die unfairen Angriffe von einem Freund oder Bekannten simulieren. Achten Sie darauf, dass Sie sich nicht provozieren lassen, bleiben Sie souverän und verfolgen Sie Ihr Ziel mit ausdauernder Gelassenheit. Machen Sie mehrere Übungsdurchgänge, um für sich herauszufinden, welche Abwehrtechniken Ihnen am besten liegen.

Unfairer Angriff: »Wie kommen Sie denn darauf, dass Sie mehr Gehalt verdient hätten?«

Ihre Reaktion: . . . .

. . . .

Unfairer Angriff: »Sind Sie sich sicher, dass Sie in letzter Zeit keine Fehler gemacht haben?«

Ihre Reaktion: . . . .

. . . .

Unfairer Angriff: »Ich glaube nicht, dass Ihre bisherigen Leistungen ein überdurchschnittliches Gehalt rechtfertigen.«

Ihre Reaktion: . . . .

. . . .

Unfairer Angriff: »Bei der Konkurrenz würden Sie auch nicht mehr verdienen.«

Ihre Reaktion: . . . .

. . . .

Unfairer Angriff: »Ich habe gerade die Gehaltserhöhung für einen Kollegen von Ihnen abgelehnt, da kann ich Sie jetzt nicht bevorzugt behandeln.«

Ihre Reaktion: . . . .

. . . .

Unfairer Angriff: »In der momentanen Unternehmenssituation sehe ich keine guten Chancen für Gehaltserhöhun-

gen. Sie haben den falschen Zeitpunkt für Ihr Anliegen gewählt.«

Ihre Reaktion: . . . .
. . . .

Unfairer Angriff: »Wieso sind Sie so unzufrieden? Was stört
Sie an Ihrer Arbeit?«

Ihre Reaktion: . . . .
. . . .

Unfairer Angriff: »Haben Sie doch bitte auch Verständnis
für meine Situation. Ich kann nicht andauernd zur Geschäftsleitung gehen und um mehr Geld bitten.«

Ihre Reaktion: . . . .
. . . .

Unfairer Angriff: »Schauen wir mal, was ich für Sie tun
kann. Bevor ich mich für Sie einsetze, müssen Sie sich aber
noch weiter bewähren.«

Ihre Reaktion: . . . .
. . . .

Taktisch verhandeln in Gehaltsgesprächen – mit diesen Gegenreaktionen müssen Sie rechnen

- Sie müssen in Gehaltsgesprächen mit Einwänden rechnen. Machen Sie sich daher mit der Psychologie der Verhandlungsführung vertraut.

- Vorgesetzte und Personalverantwortliche sind es gewohnt, selbst Forderungen zu stellen. Werden sie ihrerseits mit Forderungen konfrontiert, neigen sie dazu, mit Einwänden zu reagieren.

- Es gibt besonders beliebte Gegenargumente in Gehaltsverhandlungen. Üben Sie rechtzeitig, aggressiven Argumenten und einschüchternden Phrasen zu begegnen.

- Unfaire Angriffe dienen nicht nur der Abwehr Ihrer Gehaltsforderungen. Sie werden auch als Test eingesetzt, der die Ernsthaftigkeit Ihres Anliegens unter Beweis stellen soll.

- Unternehmensvertreter setzen solche Argumente und Phrasen ein, um Sie von einer sachlichen Auseinandersetzung abzubringen. Lassen Sie zu, dass das Gespräch unnötig emotionalisiert wird, sind Sie schon auf der Verliererseite.

- Zu den gängigen aggressiven Argumenten und einschüchternden Phrasen zählen:
  - die Verzögerungs-Taktik
  - die Elends-Taktik
  - die Undankbarkeits-Taktik
  - die »Alle in einem Boot«-Taktik
  - die Gleichbehandlungs-Taktik
  - die Diffamierungs-Taktik
  - die Verunsicherungs-Taktik
  - die »Ich bin doch nur ein kleines Licht«-Taktik
  - die »Mein kleiner Liebling«-Taktik
  - die Fehlersuche-Taktik

Stärken Sie Ihre Abwehrkräfte **137**

- die Vernebelungs-Taktik
- die »Licht und Schatten«-Taktik
- die Häppchen-Taktik

- Lassen Sie sich nicht vom eigentlichen Thema weglocken. Wehren Sie die unfairen Verhandlungsstrategien mit geeigneten Maßnahmen ab.

- Souveränes Agieren in Gehaltsverhandlungen gelingt Ihnen mithilfe dieser Gesprächstechniken:
  - Wir-Gefühl herstellen
  - gegenseitigen Gewinn in Aussicht stellen
  - teilweise Zustimmung signalisieren
  - »Ja, aber«-Technik einsetzen
  - offene Fragen verwenden
  - taktisch loben
  - Verantwortung herausstreichen

- Es ist ungewohnt, bei einem Angriff nicht mit einem Rückzug oder Gegenangriff zu reagieren. Üben Sie den Einsatz unserer Gesprächstechniken, um Angriffe von sich abprallen zu lassen und das Gehaltsgespräch in die gewünschte Richtung zu lenken.

8

Mehr Gehalt im gleichen Job – Gehaltsverhandlungen an Ihrem Arbeitsplatz

Wenn Sie mit Ihrem momentanen Arbeitgeber über ein höheres Gehalt verhandeln möchten, sollten Sie taktisch vorgehen. Recherchieren Sie, welche Gehaltsoptionen es in Ihrem Unternehmen gibt. Wählen Sie den richtigen Zeitpunkt für das Gehaltsgespräch und wenden Sie sich an den richtigen Gesprächspartner. Wechselabsichten sollten Sie nicht völlig unterdrücken. Manchmal hilft ein Alternativangebot dabei, die eigene Position zu stärken. Bei allem Engagement dürfen Sie die guten Beziehungen zum derzeitigen Arbeitgeber nicht trüben: Bleiben Sie souverän.

Es bestehen viele Gemeinsamkeiten zwischen Gehaltsgesprächen am derzeitigen Arbeitsplatz und solchen, die mit einem neuen Arbeitgeber geführt werden. Die wesentlichen strategischen Punkte sind die gleichen: Sie müssen eine Erfolgsbilanz präsentieren können, Sie müssen Ihre finanzielle Ausgangslage kennen, Gehaltsziele festgelegt haben und Sie müssen die Einwände der Unternehmensseite entkräften können. Dennoch gibt es einige Besonderheiten, in einigen Punkten weichen die Vorüberlegungen und Anforderungen bei den zwei unterschiedlichen Arten der Gehaltsgespräche ab.

Gehaltsverhandlungen müssen aktiv angegangen werden

Gehaltsverhandlungen am momentanen Arbeitsplatz werden nicht automatisch geführt, so, wie es in Vorstellungsgesprächen der Fall ist. Die Initiative muss in der Regel von Ihnen kommen. Selbst wenn das Unternehmen turnusmäßig Beurteilungsgespräche durchführt, heißt dies noch lange nicht, dass man Sie nach Ihren Gehaltswünschen fragt. Die Überlegung, wann Sie mit wem sprechen, wird Ihnen nicht wie in Vorstellungsgesprächen abgenommen: Sie müssen selbst aktiv werden.

Eine weitere Besonderheit ist die Tatsache, dass Sie oft zweigleisig fahren müssen, wenn Sie einen echten Karrieresprung anstreben. Zusätzlich zu Gehaltsverhandlungen mit dem jetzigen Arbeitgeber kann es sich für Sie lohnen, auch die Möglichkeit einer Bewerbung bei einem anderen Unternehmen ins Auge zu fassen. Dieser Schritt will wohl überlegt sein, damit es im Gehaltsgespräch nicht zu Kurzschlussreaktionen kommt.

Zweigleisig zum Karrieresprung

Die Basis für Ihre berufliche und finanzielle Entwicklung – Ihren derzeitigen Arbeitsplatz – sollten Sie nicht leichtfertig gefährden. Damit Ihnen aus einer gesicherten Position heraus das souveräne Agieren in der Gehaltsverhandlung gelingt, werden wir Ihnen die Besonderheiten von Beurteilungs- und Gehaltsgesprächen an Ihrem momentanen Arbeitsplatz vorstellen. Sie werden anhand unserer Beispielgespräche sehen, welche Vorteile eine vorbereitete Erfolgsbilanz hat, und dass es sich lohnt, sich mit sinnvollen Reaktionen auf Einwände des Vorgesetzten zu beschäftigen.

Beurteilungs- und Gehaltsgespräche

Gehaltsgespräche an Ihrem derzeitigen Arbeitsplatz werden nicht von der Unternehmensseite eingeleitet. Entweder müssen Sie die Gehaltsfrage im Rahmen von Beurteilungsgesprächen auf die Tagesordnung setzen. Oder Sie führen auf eigenen Wunsch ein separates Gehaltsgespräch. In beiden Fällen sollten Sie sich über geeignete Ansprechpartner, den richtigen Zeitpunkt, die besonderen Gehaltskomponenten und die formale Umsetzung der Gehaltserhöhung klar werden.

Setzen Sie das Thema Gehalt auf die Tagesordnung

Beurteilungsgespräche, auch Mitarbeitergespräche genannt, werden üblicherweise in einem jährlichen Turnus mit dem Fachvorgesetzten geführt. Auch bei selbst initiierten Gehaltsverhandlungen ist der Fachvorgesetzte stets der erste Ansprechpartner. Ihr Vorgesetzter ist am besten über Ihr Engagement, Ihre laufenden Aufgaben, Ihre besonderen Kenntnisse und Fähigkeiten und über die von Ihnen übernommenen Sonderaufgaben informiert.

Turnus-mäßige Gespräche lassen sich gut vorbereiten

Die Vorlieben des Chefs

Übung

Sie verbessern Ihre Verhandlungsposition, wenn Sie sich bei der Vorbereitung des Gehaltsgespräches die Vorlieben und Schwächen Ihres Vorgesetzten bewusst machen.

Überlegen Sie sich, auf welche Argumente er besonders gut anspringt, welche Leistungen ihn beeindrucken, welche Projekte ihm am Herzen liegen, wie er selbst seinen Aufstieg gestaltet hat, und ob er eher ein Zahlenmensch ist oder ein Mensch mit Strategien und Visionen.

Haben Sie schon einmal ein Gehaltsgespräch mit Ihrem Vorgesetzten geführt, sollten Sie versuchen, sich daran zu erinnern: An welche Bedingungen hatte er eine Gehaltserhöhung geknüpft? Welche Möglichkeiten hatte er Ihnen in Aussicht gestellt? An welchem Punkt war er eher verhandlungsbereit? Wo stießen Sie auf starke Widerstände?

Erst nachdem Sie Ihre Gründe für eine Gehaltserhöhung und Ihre Gehaltsziele mit dem Fachvorgesetzten geklärt haben, wird dieser sich mit der Personalabteilung in Verbindung setzen. Bei Gehaltserhöhungen hat die Personalabteilung ein gewichtiges Wort mitzureden. Schließlich dürfen vorgegebene Personaletats nicht überschritten werden. Außerdem muss das Gehaltsgefüge im gesamten Unternehmen im Blick behalten werden.

Der Kontakt zur Personalabteilung lohnt sich

Gerade wenn Sie auf überdurchschnittliche Gehaltssteigerungen aus sind, müssen Sie die Vertreter der Personalabteilung rechtzeitig mit ins Boot ziehen. Machen Sie mit Projektpräsentationen auf sich aufmerksam, zeigen Sie Weiterbildungsinteresse und machen Sie mit der Übernahme von Sonderaufgaben Ihre Einsatzbereitschaft deutlich. Es bietet sich auch an, einmal direkt den Kontakt zur Personalabteilung zu suchen. Informieren Sie sich über Karrierewege im Unternehmen: Fragen Sie nach, wie Sie Ihre Qualifikation ausbauen können und lassen Sie sich Mitarbeiterentwicklungspläne schildern. So zeigen Sie Aufstiegswillen, ohne das Thema Gehalt zu früh und dem falschen Gesprächspartner gegenüber anzuschneiden.

Sie sehen, dass Sie bei Gehaltsgesprächen am momentanen Arbeitsplatz Vorinformationen nutzen können, um Ihre Verhandlungsposition zu stärken. Im Gegensatz zu Gehaltsgesprächen mit einem neuen Arbeitgeber wissen Sie, mit wem Sie es zu tun haben, und können persönliche Eigenarten berücksichtigen.

Der richtige Zeitpunkt

Bewahren Sie Diskretion

Damit Sie in Beurteilungs- und Gehaltsgesprächen keine unangenehme Überraschung erleben, sollten Sie sich im Vorfeld gegenüber Kollegen und Mitarbeitern bezüglich Ihres Wunsches nach einer Gehaltserhöhung in Stillschweigen hüllen. Begrüßt Sie Ihr Chef mit den Worten »Ja, ja, ich habe schon gehört, Sie wollen mehr Geld«, haben sich Ihre Absichten bereits herumgesprochen, und die Chancen für eine Einigung stehen schlecht. Um sein Gesicht zu wahren, wird Ihr Vorgesetzter gegen Ihr Anliegen Einspruch erheben müssen. Sonst entsteht leicht der Eindruck, dass er sich von Mitarbeitern um den Finger wickeln lässt und in der internen Informationskette auf dem letzten Platz rangiert. Gewährt er Ihnen eine Gehaltserhöhung, kann er sich ausrechnen, dass Ihnen Ihre Kollegen folgen werden, um nun ihrerseits auf Gehaltsverbesserungen zu bestehen. Auch Sie selbst laufen Gefahr, Ihr Gesicht zu verlieren: Gelingt es Ihnen nicht, Ihre Gehaltsvorstellungen durchzusetzen, werden Ihnen manche Kollegen diese Niederlage mit Genuss unter die Nase reiben. Geben Sie deshalb der Gerüchteküche keine Nahrung. Halten Sie sich bedeckt, lassen Sie Ihre Verhandlungsabsichten nicht publik werden.

Geben Sie der Gerüchteküche keine Nahrung

Bei der Wahl des richtigen Zeitpunktes für eine Gehaltsverhandlung macht es einen Unterschied, ob Sie Ihren Gehaltswunsch in einem Beurteilungsgespräch vortragen wollen, oder ob Sie einen gesonderten Gesprächstermin anstreben.

Beurteilungsgespräch In Beurteilungsgesprächen stellt sich für Sie eigentlich nur die Frage, wann der richtige Zeitpunkt gekommen ist, um den Wunsch nach einer Gehaltserhöhung anzusprechen. Fangen Sie das Beurteilungsgespräch auf keinen Fall mit einer Gehaltsforderung an. Ihr Vorgesetzter könnte sonst schnell auf die Idee kommen, Ihre Leistungen zu relativieren oder Ihnen Gegenargumente aufzutischen. Stellen Sie die Gehaltsverhandlung hingegen an das Ende des Beurteilungsgespräches, dann können Sie Ihre Erfolgsbilanz in einer von finanziellen Aspekten unbelasteten Atmosphäre präsentieren. Einigen Sie sich erst einmal in der Sache selbst, das heißt in der Beurteilung Ihrer Leistungen. Sind Sie zu einer gemeinsamen Bewertung gekommen, ist das erste Teilziel erreicht: Es besteht grundsätzlich Einigkeit darüber, dass Sie Überdurchschnittliches geleistet haben. Die Argumentationsbasis für Ihre

Gehaltsverhandlungen gehören an das Ende von Beurteilungsgesprächen

Gehaltsaufstockung ist damit vorhanden. Es wird für Sie jetzt leichter, Ihre Wünsche durchzusetzen.

Gehaltsgespräch Da Sie bei einem von Ihnen initiierten Gehaltsgespräch die Möglichkeit haben, den Gesprächstermin freier zu wählen, sollten Sie taktisch vorgehen. Nicht jeder Zeitpunkt ist gleich gut geeignet, um den Vorgesetzten auf Gehaltserhöhungen anzusprechen. Stellen Sie sich die folgenden Fragen, wenn Sie auf Terminsuche gehen: Herrscht im Unternehmen an bestimmten Tagen große Hektik, beispielsweise weil Abteilungskonferenzen bevorstehen? Steht Ihr Vorgesetzter momentan unter Druck, weil ihm Termine davonlaufen? Zu welcher Tageszeit ist Ihr Vorgesetzter am besten gelaunt, ist er beispielsweise ein Morgenmuffel?

Ein guter Zeitpunkt für ein Gehaltsgespräch

Es dürfte selbstverständlich sein, dass Sie Ihren Vorgesetzten nicht zwischen Tür und Angel mit Gehaltsforderungen überfallen: Vereinbaren Sie einen Termin. Bei der Bitte um den Gesprächstermin sollten Sie den Vorgesetzten nicht unnötig hellhörig machen. Sagen Sie nicht: »Ich möchte nächste Woche mit Ihnen ein Gehaltsgespräch führen.« Bitten Sie lieber um ein Gespräch über laufende Arbeitsaufgaben. Beispielsweise: »Ich würde gerne einmal mit Ihnen über meine Aufgaben im Unternehmen reden.«

Gehaltsgespräche brauchen einen festen Termin

Mögliche Gehaltskomponenten

Im Kapitel »Geld, Freizeit, Sonderleistungen – bewährte und neue Elemente im Gehaltspoker« haben wir Ihnen erläutert, über welche Komponenten Sie in Gehaltsgesprächen verhandeln können. Ein Vorteil von Beurteilungs- und Gehaltsgesprächen beim derzeitigen Arbeitgeber ist, dass Sie Informationen darüber einholen können, was Ihr Unternehmen seinen Mitarbeitern im Einzelnen gewährt.

Steht nicht nur die Höhe Ihres Gehalts zur Diskussion, sondern auch bestimmte Prämien, Provisionen und Sonderzuwendungen, sollten Sie im Vorfeld recherchieren, was in Ihrem Unternehmen üblich ist. Die Gehaltsverhandlung gerät schnell ins Stocken, wenn Sie eher unübliche Forderungen stellen, beispielsweise ein Sabbatical bei teilweisem Lohnverzicht. Zeigen Sie Ihrem Gesprächspartner, dass Sie informiert sind. Oft lässt sich mit einer guten Vorarbeit sogar ein Informationsvorsprung aufbauen.

Recherchieren Sie über den üblichen Rahmen

Sie werden Ihre Forderungen dann am einfachsten durchsetzen können, wenn Sie sich nicht nur im vornherein über die möglichen Gehaltskomponenten unterrichten, sondern auch in Erfahrung bringen, an welche Voraussetzungen die Gewährung von Sonderleistungen geknüpft ist. Über Kollegen, den Betriebsrat, Schwarze Bretter, die Mitarbeiterzeitung und das Intranet lassen sich beispielsweise die Bedingungen herausfinden, unter denen Prämien für Verbesserungsvorschläge gezahlt, Jobtickets gewährt oder Kindergartenzuschüsse bewilligt werden. Auch die Personalabteilung ist eine gute Adresse, wenn es darum geht, sich einen Überblick über Sonderleistungen zu verschaffen. In großen Unternehmen gibt es in den Personalabteilungen sogar spezielle Referenten, die für Mitarbeiterauskünfte zuständig sind.

Verschaffen Sie sich einen Überblick über Sonderleistungen

Wenn Sie nicht nur wissen, welche Gehaltskomponenten im Unternehmen üblich sind, sondern auch wissen, unter welchen Umständen sie gewährt werden, ist der Weg für eine Gehaltsaufstockung frei.

Formale Umsetzung

Mit der gemeinsam erreichten Übereinkunft, dass Sie zukünftig ein höheres Gehalt bekommen werden, ist das Beurteilungs- oder Gehaltsgespräch noch nicht zu Ende. Sie müssen sicherstellen, dass die Gehaltserhöhung auch tatsächlich auf Ihrem Konto landet. Je nachdem wie souverän und verlässlich oder abwartend und vergesslich Ihr Vorgesetzter ist, kann es notwendig sein, ein Protokoll zu schreiben. In diesem Protokoll **Fixieren Sie** sollten Sie die getroffene Übereinkunft fixieren. Konkrete Sum-**Ihre Ver-** men, die einzelnen Gehaltskomponenten und der Zeitpunkt **handlungs-** des Inkrafttretens gehören in die Niederschrift. Halten Sie **ergebnisse** auch ausdrücklich fest, welche schriftliche Bestätigung der Gehaltsverhandlung das Unternehmen liefern wird. Dies kann ein Brief an Sie sein, in dem die Gehaltserhöhung vermerkt ist. Ist Ihr Tätigkeitsbereich ausgeweitet worden, brauchen Sie eine schriftliche Ergänzung zum Arbeitsvertrag. Bei einer Beförderung muss ein neuer Arbeitsvertrag ausgefertigt werden, der die neue Position, Ihre Aufgaben und das neue Gehalt festhält.

Ist es nicht zu einem Abschluss gekommen, weil beispielsweise Ihr Vorgesetzter erst noch mit der Personalabteilung Rücksprache halten muss, kann es ebenfalls notwendig sein, eine schriftliche Übereinkunft über den weiteren Ablauf zu er-**Fertigen Sie** stellen. Halten Sie fest, an welchen Punkten es noch ein Infor-**Ihre Erfolgs-** mationsbedürfnis gibt und bis zu welchem Zeitpunkt Ihr Vor-**bilanz schrift-** gesetzter das Thema Gehalt wieder auf die Tagesordnung **lich aus** setzen wird. Händigen Sie Ihrem Chef Ihre Erfolgsbilanz als Schriftstück aus. So gehen Ihre Argumente bei seinen Verhandlungen mit der Personalabteilung oder anderen Beteiligten nicht unter.

Wenn Sie annehmen müssen, dass Ihr Vorgesetzter mit der Verzögerungs-Taktik arbeitet, können Sie den Betriebsrat zum Gespräch dazubitten. Damit wird eine feindselige Atmosphäre jedoch endgültig zementiert. Versuchen Sie es erst einmal damit, einen Folgetermin zu vereinbaren, oder schlagen Sie eine Präsentation Ihrer Arbeitsergebnisse vor den zuständigen Entscheidungsträgern vor.

Wechseln oder bleiben?

Gehaltsverhandlungen am momentanen Arbeitsplatz lassen sich nicht losgelöst von der Frage »Muss ich wechseln oder kann ich bleiben?« betrachten. Auch wenn Sie den Wechsel des Arbeitgebers eigentlich nicht beabsichtigen, kommen Sie nicht umhin, sich mit dieser Frage auseinander zu setzen. Schließlich hängt die Stärke Ihrer Verhandlungsposition auch davon ab, ob Sie eventuell bereit wären, zu einem anderen Unternehmen zu gehen.

Die Zukunft im Blick

Verschaffen Sie sich gute Karten

Lassen Sie sich im Gehaltsgespräch auf keinen Fall zu leeren Drohungen verleiten, wenn Sie de facto gar keine Möglichkeit haben, eventuelle Konsequenzen auch umzusetzen. Ein im Zorn geäußertes »Dann muss ich mir eben einen anderen Arbeitgeber suchen!« kann sich extrem kontraproduktiv auf Ihre Karriereentwicklung auswirken: Sie würden sich die Chance verspielen, in aller Stille einen Wechsel vorzubereiten. Es kann Ihnen passieren, dass Ihr Vorgesetzter die Drohung für bare Münze hält und Ihnen Informationswege abschneidet und Sie aufs Abstellgleis schiebt. Damit würde Ihre berufliche Entwicklung einen Knick bekommen, der sich auch negativ auf dann anstehende Bewerbungsabsichten bei anderen Unternehmen auswirkt. Ihre Arbeitszeugnisse könnten leiden und Sie scheiden auf jeden Fall im Zorn. Es kann Ihnen auch passieren, dass die nervliche Belastung am Arbeitsplatz für Sie danach so stark wird, dass Sie wechseln müssen. Ihre unbedachte Drohung hat Sie dann unter Zugzwang gesetzt. Aus einer Position der Schwäche heraus wird es aber ungleich schwerer sein, eine neue, adäquate Stelle zu finden.

Vermeiden Sie leere Drohungen

Eine geschickt und in aller Stille vorbereitete Möglichkeit zum Unternehmenswechsel kann Ihnen dagegen Vorteile in der Gehaltsverhandlung verschaffen. Sie erweitern Ihre Handlungsmöglichkeiten und können Ihre eigene Karriereentwicklung bewusster vorantreiben. Ein Wechsel des Arbeitgebers kann beispielsweise unausweichlich werden, wenn man Ihnen im Gehaltsgespräch plausibel vermittelt, dass die von Ihnen angestrebte Aufstiegsposition im Unternehmen auf längere Zeit nicht frei wird.

Nehmen Sie keine Entweder-oder-Position ein, kombinieren Sie lieber die Vorteile, die sich Ihnen bieten. Wenn Sie an Ihrem derzeitigen Arbeitsplatz Ihr Qualifikationsprofil weiter aus-

Spielen Sie auf Zeit bauen, machen Sie sich damit fit für einen größeren Karrieresprung. Sie können durchaus auf Zeit spielen, um Karrierekontakte zu knüpfen, Netzwerke aufzubauen und sich bei anderen Unternehmen ins Gespräch bringen.

Beratung

Aus unserer Beratungspraxis
Karrieremöglichkeiten ausschöpfen

Ein Abteilungsleiter aus dem Vertrieb suchte uns auf, um mit uns ein Gespräch über seine Karriereentwicklung zu führen. Bei seiner Erörterung konzentrierte er sich ausschließlich auf eventuell notwendige Bewerbungsaktivitäten. Uns veranlasste dies zu der Frage, ob er sich bei seinem jetzigen Arbeitgeber so unwohl fühle, dass er auf jeden Fall das Unternehmen wechseln müsse.

Erstaunt blickte uns der Abteilungsleiter an und verriet uns, dass er an die Möglichkeit eines weiteren Aufstiegs im Unternehmen nicht gedacht hatte. Allerdings hatte er Gründe dafür, diese Möglichkeit außer Acht zu lassen. Die Positionen über ihm waren vor nicht allzu langer Zeit neu besetzt worden, und es erschien ihm unwahrscheinlich, dass in absehbarer Zeit einer seiner Vorgesetzten gehen würde. Daher wollte er in ein anderes Unternehmen wechseln, weil er hoffte, dort bessere Aufstiegsmöglichkeiten vorzufinden.

Wir empfahlen dem Abteilungsleiter ein Gespräch mit seinem Vorgesetzten und der Personalabteilung seines jetzigen Arbeitgebers, um dort Möglichkeiten zu besprechen, wie sein Profil eventuell auszubauen sei. Die Überlegung dabei war, dass er mit einer Profilverbesserung am derzeitigen Arbeitsplatz die Chance für einen echten Karriereschritt bei der Bewerbung für ein anderes Unternehmen verbinden konnte. Zu dem Zeitpunkt, als wir das erste Gespräch mit ihm führten, wäre es schwierig gewesen, bei einem Stellenwechsel eine höhere Position als seine jetzige zu erreichen. Bestenfalls wäre eine leichte Gehaltserhöhung möglich gewesen, allerdings verbunden mit den Risiken, die ein Wechsel mit sich bringt.

Mit der besprochenen Strategie und einer sorgfältig ausgearbeiteten Erfolgsbilanz suchte unser Kunde dann das Gespräch mit seiner Personalabteilung. Er konnte erreichen, dass man ihm zusätzlich auch Marketingaufgaben übertrug, was dann mit einer entsprechenden Gehaltsaufstockung honoriert wurde. Sein erstes Teilziel war somit erreicht. Im Laufe des folgenden Jahres wurde er zum Hauptansprechpartner und Koordinator für Marketing- und Salesaufgaben bei Großprojekten. Mit diesem erweiterten Profil hätte er sich als Verkaufsleiter bei der Konkurrenz bewerben können. Er entschied sich aber dafür, bei seinem Unternehmen zu bleiben und konnte nach einem weiteren Gehaltsgespräch auch seine finanziellen Vorstellungen verwirklichen.

Fazit: Die Möglichkeit, mehr Gehalt durch einen Stellenwechsel zu erzielen, sollten Sie nicht außer Acht lassen. Die Alternative für Sie lautet jedoch nicht zwingend: »Bleiben oder gehen?« Vielleicht können Sie sich auch bei Ihrem jetzigen Arbeitgeber weiterentwickeln und sich so mehrere Karriereoptionen verschaffen. Nach der Übernahme neuer Aufgaben können Sie wiederum in Gehaltsverhandlungen einsteigen oder sich mit dem erweiterten Profil anderweitig bewerben.

Analysieren Sie im Vorfeld von Gehaltsgesprächen Ihre berufliche Situation. Finden Sie heraus, welche Gründe für oder gegen einen Arbeitgeberwechsel sprechen. Wägen Sie ab, wie offensiv Sie in Ihrer Gehaltsverhandlung vorgehen können. Klären Sie mithilfe unserer Übung »Bin ich bereit für einen Wechsel?«, wie stark Ihre Verhandlungsposition ist.

Bin ich bereit für einen Wechsel?

Übung

Ihr Gehaltsgespräch fängt nicht erst in dem Moment an, in dem Sie Ihrem Vorgesetzten gegenübersitzen. Reflektieren Sie im Vorfeld Ihre Bereitschaft zum Unternehmenswechsel. Stellen Sie sich daher nun in Ruhe die folgenden Fragen:

- Geht es mir in erster Linie um eine Gehaltssteigerung oder um die Übernahme zusätzlicher Verantwortungs- und Gestaltungsspielräume?
- Kann ich meine mittelfristigen Karrierevorstellungen am momentanen Arbeitsplatz verwirklichen?

- Habe ich bei meinem derzeitigen Arbeitgeber noch Entwicklungsmöglichkeiten?
- Will ich den Gehaltsrahmen so weit wie möglich ausreizen, auch wenn sich dadurch die Atmosphäre am Arbeitsplatz verschlechtern könnte?
- Bin ich bereit, für ein höheres Gehalt Risiken einzugehen?
- Wird mein überdurchschnittliches Engagement im Unternehmen ausreichend gewürdigt?
- Gebe ich bei einem Wechsel interne Karrierekontakte auf?
- Fällt es mir leicht, mein gewohntes Arbeitsumfeld zu verlassen?
- Nehme ich in Kauf, dass ich mich nach einem Wechsel des Arbeitgebers noch einmal anderweitig bewerben muss?
- Wie sicher ist ein neuer Arbeitsplatz im Vergleich zu meinem derzeitigen?

Richtig gepokert

Gewinnen Sie den Eindruck, dass kurzfristig ein Wechsel für Sie nicht infrage kommt, müssen Sie sich mit Abwanderungsdrohungen zurückhalten. Wenn Sie allerdings für sich entschieden haben, dass ein Arbeitgeberwechsel im Bereich des Möglichen liegt, sollten Sie im Vorfeld von Gehaltsverhandlungen Bewerbungsaktivitäten starten. Erst wenn Sie sicher sind, dass ein anderes Unternehmen Sie einstellen würde, können Sie im Gehaltsgespräch das Argument »Ich gehe zur Konkurrenz« ins Spiel bringen.

Sichern Sie sich im Vorfeld ab

Lassen Sie ruhig durchblicken, dass auch die Konkurrenz an Ihnen interessiert wäre. Verzichten Sie aber auf offene Drohungen. Schließlich wollen Sie nicht über Ihren derzeitigen Arbeitgeber triumphieren, sondern mit ihm Ihre Gehalts- und Karriereziele durchsetzen. Anstatt unnötige Fronten aufzubauen, sollten Sie lieber eine Verhandlung führen, in der es um Ihr Bleiben geht. Liegt Ihnen ein gut dotiertes Konkurrenzangebot vor, kann es sein, dass Ihr momentaner Arbeitgeber nachzieht und Ihr Gehalt überdurchschnittlich aufstockt.

Konkurrenz belebt das Geschäft

Verlassen Sie niemals die sachliche Ebene. Ihre starke Verhandlungsposition macht eine Demonstration Ihrer Überlegenheit überflüssig. Niemand lässt sich gerne zum Verlierer stempeln, auch Ihr Vorgesetzter wird nicht bereit sein, auf offensichtliche Erpressungsversuche einzugehen. Selbst wenn sich im Gehaltsgespräch herausstellt, dass kein Weg an einem Unternehmenswechsel vorbeiführt, sollten Sie souverän bleiben. Wenn Sie ein besseres Angebot wahrnehmen, wird Ihnen niemand lange böse sein können. Nutzen Sie allerdings das Gehaltsgespräch, um Ihrem bisherigen Arbeitgeber zum Abschied richtig eins auszuwischen, zeigt dies schlechten Stil.

Halten Sie sich alle Türen offen

Gewitzte Stellenwechsler halten sich alle Türen offen: Es ist schon mehr als einmal vorgekommen, dass ehemalige Mitarbeiter nach einiger Zeit gern wieder zum alten Arbeitgeber zurückkehren. Dies ist aber nur möglich, wenn es keinen Abschied im Zorn gegeben hat. Bei einer Politik der verbrannten Erde könnten die Flammen auf Sie zurückschlagen. Verbauen Sie sich nicht unnötig die Rückkehroption. Vielleicht wird Ihre Wunschposition im alten Unternehmen wider Erwarten plötzlich frei.

Beispiele für Gehaltsgespräche

Wir haben Ihnen bereits an vielen Beispielen deutlich gemacht, wie Sie im Gehaltsgespräch argumentativ vorgehen können. Damit Sie die von uns besprochenen Gesprächstechniken zum

Selbstmarketing und zur Verhandlungsführung in einen Gesprächsablauf integriert erleben, stellen wir Ihnen nun beispielhafte Gehaltsgespräche vor.

Sie sehen zunächst in einem Negativbeispiel, wie eine unvorbereitete Mitarbeiterin ihre Chance auf eine Gehaltserhöhung am derzeitigen Arbeitsplatz verspielt. Ihnen wird deutlich werden, wie wichtig es ist, mit einer gut ausgearbeiteten Erfolgsbilanz operieren und auf Einwände des Vorgesetzten reagieren zu können. Damit Sie im Gehaltsgespräch überzeugend auftreten können, geben wir Ihnen auch ein Ablaufschema an die Hand. Es wird Ihnen helfen, Ihre Interessen zu verfolgen und den Überblick zu behalten. Anschließend erfahren Sie, wie sich die von uns vorgestellten Strategien, Gesprächstechniken und das Ablaufschema umsetzen lassen. In einem Positivbeispiel stellen wir Ihnen eine gelungene Gehaltsverhandlung vor.

Wichtig: die Erfolgsbilanz

Konfusion in Aktion

Vorgesetzter: »Guten Tag, Frau Keller. Sie haben um ein Gespräch gebeten, worum geht es denn?«

Mitarbeiterin: »Ich wollte mal wegen einer Gehaltserhöhung nachfragen.«

Vorgesetzter: »Ja, fragen Sie nur.«

Mitarbeiterin: »Wie viel mehr Gehalt könnte ich denn bekommen?«

Vorgesetzter: »Sie liegen doch gut im Schnitt, Frau Keller. Sie wollen doch bestimmt nicht, dass ich Sie gegenüber den Kollegen bevorzuge.«

Mitarbeiterin: »Ich habe gehört, dass andere schon Gehaltserhöhungen bekommen haben. Bei mir ist das schon ewig her.«

Vorgesetzter: »Na, Frau Keller, wenn ich die Fälle, die Sie ansprechen, mit Ihnen einmal einzeln durchgehen würde, würden Sie einsehen, dass diese Gehaltserhöhungen gerechtfertigt waren und Sie schon jetzt zu den sehr ordentlich verdienenden Mitarbeitern gehören. Sie verstehen sicherlich auch, dass ich, um Stillschweigen zu gewähren, nicht offen mit Ihnen darüber reden darf.«

Mitarbeiterin: »Aber Frau Smollek hat sich gerade erst ein neues Auto leisten können. Für mich wäre das auch unheimlich wichtig, dass ich mir

Beispiel

Negativbeispiel

mit meinem Mann noch ein zweites Auto anschaffen kann. Mein Sohn kommt ja jetzt aufs Gymnasium und die Busverbindung ist sehr schlecht.«

Vorgesetzter: »Wir haben Frau Smollek das Auto nicht finanziert, wenn Sie darauf hinauswollen. Es steht Ihnen doch frei, einen Kredit aufzunehmen. Schließlich haben Sie doch einen schönen sicheren Arbeitsplatz. Da wird Ihre Bank Ihnen sicherlich helfen können.«

Mitarbeiterin: »Es muss doch möglich sein, dass Sie mir in irgendeiner Weise entgegenkommen.«

Vorgesetzter: »Na gut, Frau Keller. Aber nur, wenn das jetzt unter uns bleibt. Wegen Ihrer langjährigen Verdienste in der Firma werde ich mich dafür einsetzen, dass Ihr Monatsgehalt um 50 Euro aufgestockt wird. Oder wollen Sie lieber einen Tankgutschein? Damit könnten Sie sich dann an Fahrgemeinschaften beteiligen und der Betrag des Gutscheins wäre für Sie steuerfrei. Also ich glaube, der Tankgutschein über 25 Euro wäre für Sie die bessere Alternative.«

Mitarbeiterin: »Na ja, wenn eigentlich sonst nichts drin ist, dann danke ich Ihnen, dass Sie wenigstens diese Möglichkeit gefunden haben.«

Vorgesetzter: »Ich freue mich, dass ich Ihnen helfen konnte. Auf Wiedersehen, Frau Keller.«

Mitarbeiterin: »Auf Wiedersehen.«

In dem Beispielgespräch hat die Mitarbeiterin Fehler gemacht, die bei einer gründlichen Vorbereitung zu vermeiden gewesen wären. Ihr erster Fehler, mit Folgewirkungen für das gesamte Gespräch, liegt darin, dass sie gleich mit der Tür ins Haus fällt. Sie beginnt das Gespräch mit der Frage nach einer Gehaltserhöhung, nennt aber weder ihre konkreten Gehaltswünsche, noch die beruflichen Leistungen, die einen Gehaltszuschlag rechtfertigen könnten. Mit ihrer zweiten Äußerung – »Wie viel Geld könnte ich denn bekommen?« – gibt sie die Gesprächsinitiative auf und liefert sich den Einwänden des Vorgesetzten aus. Dies nutzt der Vorgesetzte aus und konfrontiert die Mitarbeiterin mit der Gleichbehandlungs-Taktik (siehe Abschnitt »Die bösen 13: aggressive Argumente und einschüchternde Phrasen«).

Eine gründliche Vorbereitung ist unverzichtbar

Die Mitarbeiterin lässt sich auf diese Argumentationsebene ein und versucht, die Gleichbehandlungs-Taktik zu ihren Gunsten umzudrehen, indem sie auf Kollegen verweist, die bereits Gehaltserhöhungen bekommen haben. Um sich keine Blöße zu geben, blockt der Vorgesetzte diesen Einwand ab. Bisher ist die Mitarbeiterin nicht den kleinsten Schritt in Richtung Gehaltserhöhung vorangekommen. Sie versucht es daraufhin mit privaten Gründen. Spätestens an dieser Stelle ist dem Vorgesetzten klar, dass die Mitarbeiterin keine zwingenden Gründe für eine Gehaltserhöhung vorbringen kann. Dies nutzt er zu einem Verwirrspiel. Er wendet die Vernebelungs-Taktik an und schlägt ihr zur Verbesserung ihrer finanziellen Situation die Aufnahme eines Kredites vor.

Berufliche Argumente überzeugen

Es wäre durchaus möglich, auch noch an dieser Stelle zum Gehaltswunsch zurückzukommen. Statt von vorne zu beginnen, verlegt sich die Mitarbeiterin jedoch aufs Betteln. Um sie zu befriedigen spielt der Vorgesetzte daraufhin die »Mein kleiner Liebling«-Taktik aus und kombiniert sie gleich mit der Häppchen-Taktik. Er ist bereit, die langjährigen Verdienste seiner Mitarbeiterin mit 50 Euro (brutto!) monatlich extra zu honorieren. Da seinem Vorschlag nichts entgegengehalten wird, relativiert der Vorgesetzte sein Angebot im gleichen Atemzug. Ein Tankgutschein in Höhe von 25 Euro monatlich wird in Aussicht gestellt. Damit spart das Unternehmen die Lohnnebenkosten einer Gehaltserhöhung, und die angebotene Summe wird halbiert. Die Mitarbeiterin, die nie zu einer eigenen Verhandlungsstrategie gefunden hat, gibt auf und akzeptiert ein Angebot, das nicht in ihrem Sinne sein kann.

Lassen Sie sich nicht abspeisen

Lassen Sie sich in Gehaltsverhandlungen nicht zum Spielball Ihres Vorgesetzten machen. Nutzen Sie unser Ablaufschema für Gehaltsverhandlungen (siehe Übersicht 4). Dieses Schema verhilft Ihnen zu einer strukturierten Vorgehensweise und ermöglicht es Ihnen, immer wieder das Heft in die Hand zu nehmen.

Ablaufschema für Gehaltsgespräche

Übersicht 4

1. Profil durchbringen
2. Einwände zurückweisen
3. finanzielle Forderungen klären
4. Einigung wiederholen
5. Ablaufplan für die Umsetzung festlegen

Profil durchbringen Bevor Sie in konkrete Verhandlungen über die Höhe einer Gehaltserhöhung einsteigen, müssen Sie zuerst einmal Gründe dafür liefern: Stellen Sie Ihre Erfolgsbilanz vor.

Einwände zurückweisen Kalkulieren Sie Widerstand ein. Das Unternehmen wird es Ihnen nicht unnötig leicht machen, Ihre Gehaltsforderungen durchzubringen. Entkräften Sie Einwände und lassen Sie einschüchternde Phrasen und aggressive Argumente an sich abprallen: Nutzen Sie die vorgestellten Abwehrtechniken.

Finanzielle Forderungen klären Operieren Sie mit konkreten Summen für eine Gehaltssteigerung und/oder benennen Sie zusätzliche Gehaltskomponenten. Beginnen Sie mit einer maximalen Forderung, Sie können sich dann immer noch gestuft herunterhandeln lassen: Bringen Sie Zahlen ins Spiel.

Operieren Sie mit konkreten Summen

Einigung wiederholen Liefern Sie am Gesprächsende eine Zusammenfassung der getroffenen Vereinbarungen. Betonen Sie, dass zwischen Ihrem Vorgesetzten und Ihnen ein übereinstimmendes Ergebnis erzielt worden ist: Sichern Sie das Verhandlungsergebnis.

Ablaufplan für die Umsetzung festlegen Lassen Sie das Gesprächsergebnis nicht untergehen. Klären Sie den Zeitpunkt der Gehaltserhöhung. Einigen Sie sich über die noch notwendigen Schritte. Sprechen Sie an, was schriftlich fixiert werden muss: Machen Sie die Umsetzung überprüfbar.

Im folgenden Positivbeispiel erleben Sie das vorgestellte Ablaufschema für Gehaltsgespräche in Aktion. Vorgesetzte lassen sich durch eine konsequente Verhandlungsführung durchaus beeindrucken. Eine Mitarbeiterin, die weiß, was sie zu bieten hat, wie sie sich präsentieren sollte und wie sie Einwänden begegnen kann, wird auch ernst genommen werden.

Führen Sie die Verhandlung konsequent

Ziele durchsetzen

Vorgesetzter: »Guten Tag, Frau Keller. Sie haben um ein Gespräch gebeten, worum geht es denn?«

Mitarbeiterin: »Guten Tag, Herr Klaunig. Danke, dass Sie sich für mein Anliegen Zeit nehmen. Es geht um das von mir durchgeführte Sonderprojekt EDV-Schulung.«

Vorgesetzter: »Das Projekt sollte doch kurz vor dem Abschluss stehen. Gibt es irgendwelche Schwierigkeiten?«

Mitarbeiterin: »Nein, ganz im Gegenteil. Ich habe den Schulungsbedarf, der in den einzelnen Abteilungen besteht, evaluiert. Dafür habe ich intensive Gespräche mit den Mitarbeitern geführt, um deren Vorkenntnisse in Erfahrung zu bringen. Zusammen mit den Abteilungsleitern habe ich dann für jeden einzelnen Arbeitsplatz ein Anforderungsprofil festgelegt. Die ersten Schulungsmaßnahmen laufen bereits. Besonders stolz bin ich darauf, dass sich ein positiver Nebeneffekt ergeben hat. Ich konnte im Rahmen der Einzelgespräche Software-Fehler einkreisen und Hardware-Probleme identifizieren. Es wäre hinsichtlich einer Effizienzsteigerung sicherlich angebracht, diese Fehler und Probleme aus dem Weg zu räumen. Ich habe Ihnen hier eine Fehlerliste mitgebracht und dieser geeignete Abhilfemaßnahmen gegenübergestellt. Ich sehe noch andere Optimierungsmöglichkeiten und würde gerne weiterhin mit voller Kraft das Projekt ver-

Beispiel

Positiv-beispiel

folgen. Der erhebliche Arbeitsmehraufwand sollte meiner Meinung nach aber auch vergütet werden.«

Vorgesetzter: »Das klingt ja sehr interessant, Frau Keller. Ich kann die Ergebnisse jetzt nicht aus dem Stegreif kommentieren. Dazu müsste ich mich erst einmal mit unserer EDV-Abteilung zusammensetzen. Wenn sich Ihre Erfolge bestätigen, sehe ich durchaus Chancen für eine Gehaltserhöhung. Bevor wir darüber reden, sollten wir das offizielle Projektende aber abwarten.«

Mitarbeiterin: »Es wird auch über das Projektende hinaus viel zu tun geben. Die Ermittlung des Schulungsbedarfs ist ja bereits abgeschlossen. Das heißt aber nicht, dass ich mein Engagement jetzt einstellen wollte. Ich weiß noch genau, wie ich bei unserem ersten Gespräch vor Ihnen saß und Sie mir sagten: ›Wenn Sie mich beeindrucken wollen, zeigen Sie besondere Initiative; engagierte Mitarbeiter sind das Rückgrat eines jeden Unternehmens.‹ Das habe ich mir zu Herzen genommen.«

Vorgesetzter: »Sie haben ja ein gutes Gedächtnis Frau Keller, wenn ich auch nicht gedacht hätte, dass diese Äußerung einmal gegen mich verwendet würde: Zu meinen Worten von damals stehe ich auch heute noch. Wie sollte denn Ihr besonderes Engagement aus Ihrer Sicht honoriert werden?«

Mitarbeiterin: »Keine Angst, ich werde keine Honorare von Unternehmensberatern verlangen. Da mein Aufgabenbereich aber stark ausgeweitet wurde, halte ich eine Steigerung um 300 Euro monatlich für gerechtfertigt.«

Vorgesetzter: »Viel zu viel. Das bekomme ich für Sie nicht durch.«

Mitarbeiterin: »Ich habe bei der Vergabe der Schulungsaufträge mit diversen Systemhäusern verhandelt, daher weiß ich genau, was eine Systemanalyse bei externer Vergabe kostet. Zudem sind 300 Euro monatlich auch schon allein durch die Zahl meiner geleisteten Überstunden angemessen. Übrigens, es gibt im Unternehmen doch auch einen Topf für die Prämierung von Verbesserungsvorschlägen.«

Vorgesetzter: »Ja, das wäre eine Möglichkeit. Eine Prämie könnte ich Ihnen sicherlich verschaffen.«

Mitarbeiterin: »Ich habe mich schon erkundigt. Je nach Höhe des Einsparpotenzials wird ein bestimmter Prozentsatz als Prämie gewährt. Wenn Sie mein Gutachten als prämierungswürdig weiterleiten, dürfte die Sache laufen. Allerdings hatte ich an eine zusätzliche Prämie gedacht.«

Vorgesetzter: »Frau Keller, Sie machen mich arm.«

Mitarbeiterin: »Und ich dachte, ich erhöhe die Gewinnspanne der Firma.«

Vorgesetzter: »Gut. Um Ihr außergewöhnliches Engagement zu belohnen, werde ich mich für eine Gehaltserhöhung um 200 Euro einsetzen. Für diese Summe dürfte meine Kompetenz gerade noch ausreichen.«

Mitarbeiterin: »Sie haben mich ganz schön runtergehandelt, aber meine Motivation wird Ihnen dennoch erhalten bleiben. Wir haben uns also darauf geeinigt, dass ich 200 Euro mehr im Monat bekomme und mir die Prämie für die in meinem Gutachten aufgeführten Optimierungsmöglichkeiten zusteht. Dabei dürfte es sich um ungefähr 1500 Euro handeln.«

Vorgesetzter: »Die Höhe der Prämie kann ich Ihnen nicht verbindlich zusagen, aber grundsätzlich sind wir uns einig.«

Mitarbeiterin: »Da ich die Mehrbelastung jetzt einige Monate unentgeltlich getragen habe, wäre es schön, wenn die Gehaltserhöhung schon im nächsten Monat realisiert wird.«

Vorgesetzter: »Das sollte ich hinbekommen. Jetzt aber mit Elan wieder zurück an die Arbeit.«

Mitarbeiterin: »Ich wusste doch, dass man Sie mit Leistung beeindrucken kann. Vielen Dank, Herr Klaunig.«

Vorgesetzter: »Ja, ja, ist schon gut. Auf Wiedersehen, Frau Keller.«

Mitarbeiterin: »Auf Wiedersehen, Herr Klaunig.«

Im Positivbeispiel zeigt eine vorbereitete Mitarbeiterin, dass sie weiß, was sie will. Sie beginnt das Gespräch gleich mit der Thematisierung besonderer Arbeitsaufgaben. Damit führt sie schon ganz am Anfang auf die Darstellung ihrer Erfolgsbilanz hin. Obwohl der Vorgesetzte vielleicht sogar vermutet, dass es um Gehaltsfragen gehen könnte, steigt er bereitwillig auf das von der Mitarbeiterin gewählte Thema »Sonderprojekt EDV-Schulung« ein. Seine Nachfrage zum Stand des Projektes gibt der Mitarbeiterin die Möglichkeit, sofort zu der Darstellung besonderer beruflicher Leistungen überzugehen.

Die Erfolgsbilanz steht am Anfang des Gesprächs

Sie argumentiert aus Unternehmenssicht und stellt die für das Unternehmen positiven Effekte heraus (siehe Kapitel 3 »So vermitteln Sie Ihre Erfolge«). Ihr profiliertes Auftreten macht deutlich, dass die Projekterfolge ihr zu verdanken sind. Die Initiative der Mitarbeiterin beeindruckt: Sie hat nicht nur die ihr gestellten Aufgaben bewältigt, sondern sich selbstständig um Verbesserungen bemüht. Ihren Wunsch nach Gehaltserhöhung begründet die Mitarbeiterin mit dem erheblichen Aufwand an Mehrarbeit.

Der Vorgesetzte lässt sich von der Mitarbeiterin zur Beurteilung ihrer Leistungen hinführen. Damit hat sie ihr erstes Teilziel erreicht. Dennoch ist der Vorgesetzte nicht bereit, es ihr leicht zu machen. Er setzt die Verzögerungs-Taktik ein, um sich nicht festlegen zu müssen. Die eigentliche Gehaltserhöhung will er vertagen und erst nach dem offiziellen Projektende führen. Darauf lässt sich die Mitarbeiterin nicht ein. Sie macht deutlich, dass die bestehende Mehrbelastung weiter anhalten wird.

Suchen Sie Übereinstimmungen in der Leistungsbeurteilung

Um den Einwand des Chefs endgültig zu entkräften, kombiniert sie die Ja, aber-Technik mit einem taktischen Lob. Sie verweist darauf, dass das Projektende nicht das Ende ihres Engagements sein wird, und dass ihr Vorgesetzter sie in der Vergangenheit immer zu besonderen Leistungen angespornt hat. Der in die Rolle des fordernden, aber zugleich auch fördernden Chefs gebrachte Vorgesetzte signalisiert daraufhin die Bereitschaft, einer Gehaltserhöhung zuzustimmen.

Die Mitarbeiterin stellt ihre konkrete Gehaltsforderung in einen Vergleichsrahmen. Geschickt hebt sie hervor, dass eine Systemanalyse durch eine Unternehmensberatung das Unternehmen sehr viel mehr Geld kosten würde. Natürlich versucht der Vorgesetzte zu blocken und setzt die »Ich bin doch nur ein kleines Licht«-Taktik ein. Daraufhin wiederholt die Mitarbeiterin den Kostenvergleich und zeigt sich informiert über Zusatzleistungen zum regulären Gehalt, indem sie auf die Prämierung von Verbesserungsvorschlägen verweist.

Konkrete Gehaltsforderungen in einem Vergleichsrahmen

Damit holt sie den Vorgesetzten aus seiner Abwehrhaltung heraus und appelliert an seine Verantwortung. Er ist gern dazu bereit, sich für eine Prämierung seiner Mitarbeiterin einzusetzen und macht ihr dies auch deutlich. Mit der Prämie allein, die ja nur eine Einmalzahlung darstellt, gibt sich die Mitarbeiterin nicht zufrieden und bringt das Gespräch zur Erhöhung der laufenden Bezüge zurück. Da der Vorgesetzte die Leistung seiner Mitarbeiterin als auszeichnungswürdig anerkannt hat, kann er nun nicht mehr komplett zurück. Die Maximalforderung akzeptiert er allerdings nicht, sondern bietet ihr eine darunter liegende Gehaltssteigerung an. Dieser Vorschlag bewegt sich in genau dem Rahmen, mit dem die Mitarbeiterin von Anfang an spekuliert hatte: Sie stimmt zu.

Belohnungs-
würdige
Leistungen
werden an-
erkannt

Nachdem die finanziellen Forderungen geklärt sind, wiederholt die Mitarbeiterin die Einigung und weist den Vorgesetzten ausdrücklich darauf hin, dass er ihr eine Gehaltssteigerung um 200 Euro und eine Prämierung ihres Verbesserungsvorschlages zugesagt hat. Anschließend klärt sie mit dem Vorgesetzten noch den Zeitpunkt der Gehaltserhöhung. Sie hat ihre Ziele erreicht und kann zufrieden sein.

Auf einen Blick

Mehr Gehalt im gleichen Job – Gehaltsverhandlungen an Ihrem Arbeitsplatz

Im Blick

- Gehaltsverhandlungen am derzeitigen Arbeitsplatz werden nicht automatisch geführt. Die Initiative muss in der Regel von Ihnen kommen.
- Auch wenn Sie zweigleisig fahren, das heißt, sich parallel zur Gehaltsverhandlung bei einem anderen Arbeitgeber bewerben, dürfen Sie Ihren derzeitigen Arbeitsplatz nicht leichtfertig gefährden.
- Ihr Fachvorgesetzter ist stets der erste Ansprechpartner für Ihre Gehaltswünsche.
- Wenn Sie überdurchschnittliche Gehaltssteigerungen beabsichtigen, müssen Sie sich auch bei der Personalabteilung ins

Gespräch bringen. Besuchen Sie Weiterbildungsmaßnahmen und erkundigen Sie sich nach Karriereplänen.

- Kollegen gegenüber sollten Sie Ihren Wunsch nach Gehaltssteigerung nicht äußern. Sie rufen bei Erfolg nur Neid und bei der Ablehnung Ihres Begehrens Schadenfreude hervor.
- Sprechen Sie in Beurteilungsgesprächen die Gehaltsfrage erst am Ende an. Werden Sie sich mit Ihrem Vorgesetzten zuerst in der Sache, der Beurteilung Ihrer Leistungen, einig.
- Selbst initiierte Gehaltsgespräche dürfen Sie nicht zwischen Tür und Angel führen. Wählen Sie den Zeitpunkt taktisch überlegt aus, Ihr Vorgesetzter darf beispielsweise nicht gerade unter Stress stehen.
- Erkundigen Sie sich im Vorfeld Ihres Gehaltsgespräches über mögliche Gehaltskomponenten.
- Stellen Sie die Umsetzung der Ihnen zugesagten Gehaltserhöhung sicher. Fordern Sie eine schriftliche Bestätigung oder erstellen Sie selbst ein Protokoll.
- Drohen Sie nicht mit dem Wechsel zu einem anderen Arbeitgeber. Liegt Ihnen ein anderes Angebot vor, können Sie durchblicken lassen, dass die Konkurrenz interessiert wäre. Offene Drohungen verhärten jedoch nur die Fronten.
- Gehen Sie Gehaltsgespräche strukturiert an. Orientieren Sie sich an unserem Ablaufschema.
  1. Profil durchbringen
  2. Einwände zurückweisen
  3. finanzielle Forderungen klären
  4. Einigung wiederholen
  5. Ablaufplan für die Umsetzung festlegen
- Nutzen Sie unser Schema, um zu verhindern, dass Gehaltsgespräche mit Ihrem momentanen Arbeitgeber in ein unproduktives Hin und Her abgleiten. Nehmen Sie das Heft in die Hand und leisten Sie Überzeugungsarbeit.

9
Mehr Gehalt im neuen Job – Stellenwechsler im Gehaltsgespräch

Die Gehaltsfrage ist ein wesentlicher Bestandteil von Vorstellungsgesprächen. Es geht aus Sicht der Unternehmen nicht allein um die Höhe des Gehaltes, sondern auch um das Auftreten des Bewerbers und seine Fähigkeit, zu argumentieren. Auch wenn Sie bereits viele gute Gründe für Ihre Einstellung im Vorstellungsgespräch geliefert haben, müssen Sie in der Gehaltsverhandlung weiter Ihr Profil vertreten. Das Unternehmen will wissen, welche Gegenleistung es für seine Ausgaben bekommt.

In Vorstellungsgesprächen geht es nicht nur um die Frage, wie viel Geld Ihre Arbeitskraft dem Unternehmen wert ist, sondern auch darum, ob ein neuer Arbeitgeber Sie überhaupt einstellen will. Ist Ihr Profil für den neuen Arbeitgeber nicht interessant, wird es gar nicht erst zu Gehaltsverhandlungen kommen. Nur wenn sich für das Unternehmen herauskristallisiert hat, dass Ihre Qualifikation einen Zugewinn bedeutet, wird es auch bereit sein, einen Teil dieses Gewinns an Sie auszuschütten.

Ihr Profil bestimmt das Gehalt

Damit Sie auf dem Weg zur Gehaltsverhandlung nicht im Vorstellungsgespräch hängen bleiben, bedarf es einiger Vorarbeit. Sie müssen den Stellenwechsel begründen, Ihre Qualifikation vermitteln, Ihre Stärken definieren, Stressfragen parieren und Ihren Werdegang präsentieren können. Es erwarten Sie Fragen zur Motivation der Bewerbung, zum Unternehmen, zur beruflichen Entwicklung, zur Person und zur privaten Lebensgestaltung. Streben Sie eine Führungsposition an, werden Sie sich auch zu Ihren Erfahrungen in einer leitenden Position äußern müssen. Es würde den Rahmen dieses Ratgebers sprengen, auf alle die hier genannten Punkte einzugehen. Stellenwechsler können sich auf Vorstellungsgespräche mithilfe unseres Buches *Souverän im Vorstellungsgespräch. Die optimale Vorbereitung für Um- und Aufsteiger* vorbereiten. Speziell für Führungskräfte eignet sich das Buch *Professionelle Bewerbungsberatung für Führungskräfte. Der Praxisratgeber für Ihren beruflichen Erfolg.*

Der Zeitpunkt der Gehaltsverhandlungen Wenn ein Unternehmen Sie als interessanten Bewerber akzeptiert hat, wird ein Unternehmensvertreter mit Ihnen in Gehaltsverhandlungen einsteigen. Zu welchem Zeitpunkt diese Verhandlung stattfindet, wird unterschiedlich gehandhabt. Manchmal wird mit Ihnen gleich im ersten Vorstellungsgespräch über das Gehalt verhandelt. Manchmal wird aber auch ein zweites Gespräch mit Ihnen geführt, in dem es dann ausschließlich um das Thema Gehalt und arbeitsvertragliche Regelungen geht.

Im Folgenden werden wir Ihnen die Besonderheiten erläutern, die bei Gehaltsverhandlungen in Vorstellungsgesprächen zu beachten sind.

Die Gehaltsverhandlung im Vorstellungsgespräch

Im Bewerbungsgespräch werden Ihre Gehaltsvorstellungen von Personalverantwortlichen herangezogen, um Sie und Ihre beruflichen Leistungen beurteilen zu können. Aus Sicht der Personalabteilungen sagt die von Ihnen geforderte Gehaltshöhe nicht nur etwas über Ihre finanziellen Vorstellungen, sondern auch etwas über Ihre berufliche Selbsteinschätzung aus.

Wie schätzen Sie sich selbst ein?

Wenn Sie ein zu geringes Gehalt nennen, werden Personalverantwortliche schnell vermuten, dass es um Ihre Leistungsfähigkeit nicht besonders gut bestellt ist oder dass Sie am alten

Arbeitsplatz unter Druck stehen. Es lohnt sich nicht, über niedrige Gehaltsforderungen den Stellenwechsel forcieren zu wollen. Auch das Gegenteil, eine überzogene Gehaltsforderung, wirft ein schlechtes Licht auf Sie. Personalverantwortliche werden daraus schließen, dass Sie zur Selbstüberschätzung neigen und es Ihnen schwer fällt, sich in eine Gruppe zu integrieren.

Sonderangebote lassen Zweifel an der Qualität aufkommen

Beide Varianten – zu geringe und zu hohe Gehaltsforderungen – sind äußerst ungünstig: Sie würden mit einem falschen Vorgehen in der Gehaltsverhandlung das positive Bild, das Sie bisher im Vorstellungsgespräch vermittelt haben, demontieren. Damit Ihnen dies nicht passiert, müssen Sie Informationen sammeln, um eine realistische Gehaltsforderung stellen zu können. In der eigentlichen Gehaltsverhandlung müssen Sie Ihre Forderungen immer an Ihr Qualifikationsprofil und die bisher von Ihnen gezeigten beruflichen Leistungen koppeln.

Informationen sammeln

Recherchieren Sie vor einem Vorstellungsgespräch, welche Gehälter in Ihrer Branche für die angestrebte Position üblicherweise gezahlt werden. Dabei helfen Ihnen Gehaltstabellen in Zeitungen, Zeitschriften und im Internet. Nutzen Sie auch berufliche Kontakte: Auf Messen, Kongressen, Tagungen und Weiterbildungsveranstaltungen lässt sich in gelöster Atmosphäre die eine oder andere Information eruieren. Fragen Sie aber auf keinen Fall, was Ihr Gesprächspartner verdient. Geben Sie sich lieber allgemein interessiert. Beispielsweise so: »Was verdient eigentlich eine Abteilungsleiterin in Ihrem Unternehmen?«, »Aus welchen Gehaltskomponenten setzt sich in Ihrem Unternehmen das Gehalt eines Bereichsleiters zusammen?« oder »Ist es in Ihrem Unternehmen üblich, erfolgsbezogene Gehaltsbestandteile zu vereinbaren?«

Recherchieren Sie die branchenübliche Gehaltshöhe

In manchen Unternehmen sind die gezahlten Gehälter und gewährten Zusatzleistungen Bestandteil des Personalmarketings. Presseveröffentlichungen oder die Selbstdarstellung des Unternehmens in Broschüren oder im Internet ermöglichen es Ihnen, spezielle Gehaltskomponenten vorab in Erfahrung zu bringen. Allerdings eignen sich nicht alle Informationen, als Forderungen in die Gehaltsverhandlung im Vorstellungsgespräch eingebracht zu werden. Der Wunsch, spätestens nach einem Arbeitsjahr das angebotene Sabbatical-Year in Anspruch nehmen zu können, ist genauso unglücklich wie der Hinweis auf die guten Wiedereinstiegsmöglichkeiten nach einem Erziehungsjahr. Hat sich das Unternehmen dagegen mit herausragenden Sozialleistungen gebrüstet, können Sie ruhig unter Bezug auf Presseveröffentlichungen die jeweiligen Direktversicherungen und die Betriebsrente ansprechen.

Wie informiert das Unternehmen über sich?

Wenn Sie eine Zeit lang recherchiert haben, werden Sie feststellen, dass Sie die üblichen Gehaltstabellen sehr genau interpretieren können. Sie bekommen ein Gespür dafür, wie sich die Unternehmensgröße, die Marktstellung, die internationale Ausrichtung und der Unternehmensstandort auf das Gehalt auswirken. Bei einem mittelständischen Unternehmen, das für einen regionalen Markt produziert, ist eine andere Gehaltsforderung angebracht als bei einem international agierenden Konzern.

Lernen Sie Gehaltstabellen zu interpretieren

Neben diesen allgemeinen Informationen müssen Sie auch die speziellen Informationen über Ihre neue Position berücksichtigen. Aus der Stellenausschreibung lässt sich schon grob ersehen, welche Führungsverantwortung Sie übernehmen werden, wie hoch der Anteil an Dienstreisen ist, ob Auslandseinsätze geplant sind und ob Überstunden auf Sie zukommen. Weitere Informationen werden Sie direkt im Vorstellungsgespräch erhalten oder erfragen müssen. Besondere Belastungen in der neuen Position sollten von Ihrem neuen Arbeitgeber auch entsprechend honoriert werden. Sie können

Ihre Forderungen dann am oberen Ende der recherchierten Gehaltsspanne einordnen.

Leistung und Gegenleistung

Auch wenn im Vorstellungsgespräch die Eignung für die ausgeschriebene Stelle und die Höhe des Gehalts getrennt diskutiert werden, oder sogar zwei separate Gespräche deswegen stattfinden, bedeutet das nicht, dass Sie Ihre Gehaltswünsche von Ihrem Profil abkoppeln sollten. Das Unternehmen wird die Gehaltshöhe an dem zu erwartenden Gewinn Ihrer Arbeitsleistung bemessen. Je deutlicher Sie plausibel machen, welche Leistung Sie erbringen werden, desto besser lässt sich Ihre Forderung nach einer entsprechenden Gegenleistung durch das Unternehmen begründen.

Belegen Sie plausibel Ihre Leistungsfähigkeit

Wir wissen aus unserer Beratungspraxis, dass Unternehmen für besonders interessante Bewerber fast immer eine Lösung in der Gehaltsfrage finden. Wobei es natürlich die Aufgabe des Bewerbers bleibt, durch konsequente Überzeugungsarbeit die Gehaltshöhe nach oben zu treiben. Ein Fehler, der oft gemacht wird, besteht darin, dass die Bewerber im Laufe der Verhandlung an argumentativer Stärke verlieren. Ab einem gewissen Punkt meinen sie, die Angelegenheit in ihrem Sinne geregelt zu haben. Die zweite Runde des Bewerbungsgesprächs wird dann nur noch mit halbem Elan angegangen. Das kann problematisch werden, wenn das Gehalt in einem zweiten Gespräch ausgehandelt wird, an dem noch zusätzliche Vertreter des Unternehmens teilnehmen, beispielsweise ein Mitglied des Betriebsrates oder der Geschäftsleitung. Eine Gehaltsverhandlung ist kein Selbstläufer: Insbesondere dann, wenn Sie ein überdurchschnittliches Gehalt erzielen wollen, dürfen Sie in Ihrer Begründungs- und Überzeugungsarbeit nicht nachlassen.

Konsequente Überzeugungsarbeit lohnt sich

Greifen Sie immer wieder auf Ihre Erfolgsbilanz zurück, um Ihre Gehaltsforderungen zu rechtfertigen. Verhandeln Sie nicht im luftleeren Raum, konfrontieren Sie den Personalverantwortlichen oder Fachvorgesetzten nicht mit unbelegbaren Zahlen. Verknüpfen Sie Ihre Gehaltswünsche mit Ihrem Profil. Bewerber, die nur um die Summe feilschen, wirken weder souverän noch glaubhaft.

Völlig losgelöst

Frage: »Ihre Forderung nach 60 000 Euro Jahresgehalt erscheint mir etwas hoch, finden Sie nicht auch?«

Negativantwort 1: »Na gut, 55 000 Euro.«

Beispiel

Negativantwort 2: »Eigentlich wollte ich sogar 65 000 Euro.«

Negativbeispiel

Zahlenspiele bringen Sie in Gehaltsverhandlungen nicht weiter. Vergegenwärtigen Sie sich Ihre Erfolgsbilanz, wenn Sie nach Gründen für Ihren Gehaltswunsch gefragt werden. Liefern Sie Belege, die deutlich machen, warum Sie Ihr Geld wert sind.

Gehaltvoll argumentiert

Frage: »Ihre Forderung nach 60 000 Euro Jahresgehalt erscheint mir etwas hoch, finden Sie nicht auch?«

Beispiel

Antwort: »Meine Gehaltsforderung ist durch meine umfassende Projekterfahrung begründet. Ich habe bereits Projektteams von zehn Mitarbeitern im Bereich der Produktentwicklung geführt. Der Markterfolg der Produkte spricht für sich. Da meine Führungsverantwortung in der neuen Position noch ausgeweitet wird und die Abstimmung mit ausländischen Entwicklungslabors hinzukommt, halte ich den fixen Gehaltsanteil in Höhe von 60 000 Euro für völlig gerechtfertigt.«

Positivbeispiel

Ihre Begründungen für Ihren Gehaltswunsch dienen nicht nur der Verhandlungsführung. Sie zeigen dem Personalverantwortlichen auch, wie sicher Sie sich in Ihren Forderungen sind und wie ernst Ihnen Ihr Stellenwechsel ist. Wie im gesamten Vorstellungsgespräch achten Personalverantwortliche nicht nur auf die Antworten, die Sie geben, sondern auch auf die Art und Weise, in der Sie Aussagen machen. Jonglieren Sie nur mit Zahlen, beeinträchtigt dies Ihre souveräne Ausstrahlung. Wunschkandidaten sollten in Verhandlungen durchgängig ihr kommunikatives Geschick unter Beweis stellen. Machen Sie bis zum Ende des Bewerbungsverfahrens, dem Gehaltsgespräch, deutlich, dass Sie sich in Ihre Gesprächspartner hineinversetzen können, bereit sind zu argumentieren und ausdauernd ihre Ziele verfolgen: Lernen Sie, Ihre Gehaltswünsche einleuchtend zu vertreten.

Zeigen Sie sich kommunikationsstark

Gehaltswünsche begründen

Übung

Trainieren Sie nun, Gehaltsfragen inhaltlich zu beantworten. Betten Sie Ihre Forderungen immer in einen Begründungszusammenhang ein. Gewöhnen Sie sich daran, Ihre Gehaltswünsche unter Rückgriff auf Ihre Erfolgsbilanz zu verteidigen. Orientieren Sie sich an unserem Positivbeispiel »Gehaltvoll argumentiert«.

Setzen Sie sich mit den folgenden Fragen, die Ihnen in dieser Art auch im Vorstellungsgespräch begegnen können, auseinander:

Frage: »Glauben Sie nicht, dass Ihre Gehaltsvorstellungen zu hoch gegriffen sind?«

Ihre Antwort: . . . .

. . . .

Frage: »Warum sollen wir Ihnen mehr Geld geben als den anderen Bewerbern?«

Ihre Antwort: . . . .
. . . .

Frage: »Welche Summe müssten wir Ihnen bieten, damit Sie in unser Unternehmen wechseln?

Ihre Antwort: . . . .
. . . .

Frage: »Wo liegt denn Ihre Schmerzgrenze?«

Ihre Antwort: . . . .
. . . .

Frage: »Was wollen Sie bei uns verdienen?«

Ihre Antwort: . . . .
. . . .

Frage: »Wir hatten Sie nicht nach dem Gehalt unseres Geschäftsführers gefragt. Wo liegen also Ihre realistischen Gehaltsforderungen?«

Ihre Antwort: . . . .
. . . .

Frage: »So viel können wir Ihnen nicht bieten, welchen Betrag könnten Sie denn gerade noch tolerieren?«

Ihre Antwort: . . . .
. . . .

Frage: »Wissen Sie überhaupt, wie die ausgeschriebene Stelle üblicherweise dotiert wird?«

Ihre Antwort: . . . .

. . . .

Frage: »Was verdienen Sie denn im Moment?«

Ihre Antwort: . . . .

. . . .

Frage: »Nennen Sie uns mal eine Summe.«

Ihre Antwort: . . . .

. . . .

Beispiele für Gehaltsverhandlungen

Wenn es im Vorstellungsgespräch dann schließlich zur Klärung der Gehaltsfragen kommt, sind viele Bewerberinnen und Bewerber bereits völlig erschöpft und lassen sich das Heft aus der Hand nehmen. Sorgen Sie vor, damit Ihnen das nicht passiert. Vertreten Sie bis zum Ende aktiv Ihre Interessen. Der Einsatz lohnt sich: Die Chance, beim Stellenwechsel einen überdurchschnittlichen Gehaltssprung zu machen, sollten Sie sich nicht entgehen lassen. Werden Sie in der Gehaltsverhandlung unkonzentriert, kann es sein, dass Sie Abstriche am neuen Gehalt hinnehmen müssen, die Sie nur schwer wieder aufholen können. Weitere Gehaltserhöhungen werden schließlich auf der Grundlage Ihres Einstiegsgehaltes verhandelt werden.

Vertreten Sie aktiv Ihre Interessen

In unserem Negativbeispiel »Ausgeliefert« erleben Sie einen Bewerber, der sich das Heft aus der Hand nehmen lässt und sich mangels eigener Argumentationsstrategien die Vorstellungen des Personalverantwortlichen aufzwingen lässt.

Beispiel

Negativ-
beispiel

Ausgeliefert

Personalverantwortlicher: »Wir müssen nun noch über das Gehalt sprechen. Welche Vorstellungen haben Sie denn?«

Bewerber: »Wie ist die Stelle denn dotiert? In der Stellenanzeige stand ja nichts Näheres.«

Personalverantwortlicher: »Bevor ich mich äußere, möchte ich Ihre Vorstellungen hören.«

Bewerber: »Mit 5 000 Euro wäre ich zufrieden.«

Personalverantwortlicher: »Das dürfte erheblich mehr sein, als Sie jetzt verdienen. Wie hoch ist denn Ihr momentanes Gehalt?«

Bewerber: »Ich möchte ja wegen des Gehaltssprunges auch die Stelle wechseln. Mein jetziger Verdienst genügt mir nicht mehr, ansonsten bin ich natürlich völlig zufrieden mit meinem Arbeitsplatz.«

Personalverantwortlicher: »Warum betonen Sie diese Tatsache so sehr?«

Bewerber: »Na ja, also, nicht dass Sie glauben, es gäbe Probleme mit meinem jetzigen Arbeitgeber.«

Personalverantwortlicher: »Aha.«

Bewerber: »Also zu meinem Gehalt kann ich auch noch sagen, dass ich zunächst vielleicht auch mit etwas weniger zufrieden wäre.«

Personalverantwortlicher: »Mit wie viel weniger denn?«

Bewerber: »Ja, so um die 4 000 Euro.«

Personalverantwortlicher: »Das wäre aber auch noch erheblich mehr, als Sie jetzt verdienen. Oder habe ich das falsch verstanden. Sie wollten ja schließlich nur wechseln, wenn Sie mehr Gehalt bekommen.«

Bewerber: »Ja, ja, ähh, hmmm, ich, also.... Eigentlich strebe ich eine gerechte Entlohnung meiner Tätigkeit an; vielleicht gibt es ja auch noch später die Möglichkeit für eine Gehaltserhöhung.«

Personalverantwortlicher: »Die Möglichkeit gibt es vielleicht. Sie möchten sich also erst einmal bewähren?«

Bewerber: »Ja.«

Personalverantwortlicher: »Gut, ich greife Ihren Vorschlag auf und bin bereit, Ihnen einen Arbeitsvertrag auszustellen, der Ihre Tätigkeit bei uns mit 3 600 Euro honoriert.«

Bewerber: »Ich hatte mir eigentlich mehr vorgestellt.«

Personalverantwortlicher: »Aber Sie haben doch gesagt, so um 4000 Euro.«

Bewerber: »Das sollte heißen, 4000 Euro müssten es mindestens sein.«

Personalverantwortlicher: »Nach der Probezeit können wir diesen Betrag ja ins Auge fassen. Erst einmal müssen wir sehen, wie gut wir miteinander auskommen.«

Bewerber: »Ich bin Ihnen doch schon entgegengekommen.«

Personalverantwortlicher: »Nein, Sie haben sich selbst korrigiert.«

Bewerber: »Aber das meinte ich doch gar nicht so.«

Personalverantwortlicher: »Gut, gut, schließlich möchte ich Ihnen einen optimalen Start in Ihre Arbeit bei uns ermöglichen. Ich gebe Ihnen schon an dieser Stelle eine erste Gehaltserhöhung und werde Ihnen zusätzlich ein 13. Monatsgehalt einräumen. Damit haben Sie auf den Monat gerechnet 300 Euro mehr in der Tasche, also 3900 Euro. Damit wären wir quasi bei den von Ihnen geforderten 4000 Euro.«

Bewerber: »Aber das 13. Gehalt ist doch immer dabei.«

Personalverantwortlicher: »Nein, dabei handelt es sich um eine freiwillig gezahlte Zulage.«

Bewerber: »Die bekommen doch aber alle.«

Personalverantwortlicher: »Nicht in unserem Unternehmen.«

Bewerber: »Also, ich weiß wirklich nicht, ob ich damit auskomme.«

Personalverantwortlicher: »Geben Sie sich einen Ruck, es gibt bei uns schließlich exzellente Aufstiegsmöglichkeiten. Denken Sie an Ihre Zukunft.«

Bewerber: »Wenn Sie mir versprechen, dass mein Gehalt steigen wird.«

Personalverantwortlicher: »Wenn Sie die entsprechende Leistung zeigen, ist das möglich.«

Bewerber: »Na gut.«

Sie haben anhand des Negativbeispiels gesehen, was passieren kann, wenn ein Bewerber sich bei der Gehaltsverhandlung im Vorstellungsgespräch selbst ins Abseits stellt. Statt über Leistung und Gegenleistung zu argumentieren, nimmt er das Gespräch auf die leichte Schulter und versucht, sich mit Floskeln und Phrasen über die Runden zu retten.

Argumentieren Sie auf der Basis von Leistungen

Bereits die erste Reaktion des Bewerbers auf die Gehaltsfrage des Personalverantwortlichen ist ungünstig. Seine Replik:

»Wie ist die Stelle denn dotiert?«, zeigt alles andere als Verhandlungsgeschick, eher seine absolute Uninformiertheit. Es entsteht der Eindruck, dass der Bewerber sich nicht auf die Gehaltsverhandlung vorbereitet hat. Der Vorwurf, dass in der Stellenanzeige ja nichts gestanden hätte, lässt auf mangelnde Informationsarbeit und wenig Eigeninitiative schließen.

Zeigen Sie, dass Sie informiert sind

Wie zu erwarten, lässt der Personalverantwortliche den Bewerber zappeln und beharrt darauf, dass er seine Gehaltsvorstellungen darlegt. Ohne weitere Begründungen wirft der Bewerber eine beliebige Summe in den Raum. Statt mit einem Bruttojahresgehalt zu argumentieren, nennt er ein Monatsgehalt: Ein Fehler, der sich später rächen wird. Der Personalverantwortliche erkennt sehr schnell, dass er es mit jemandem zu tun hat, der über Gehaltszusatzleistungen wenig Bescheid weiß und sich selbst nur schwer einschätzen kann. Der Bewerber muss dann damit rechnen, dass er an seinem augenblicklichen Einkommen gemessen wird. Die Frage nach dem momentanen Gehalt soll ihn dazu bringen, sich selbst abzuwerten.

Im weiteren Verlauf des Gesprächs antwortet der Bewerber erneut mit Floskeln. Er schafft es nicht, sein Profil herauszuarbeiten und überlässt die Debatte über eine Gehaltsfestlegung völlig dem Personalverantwortlichen. Mit unreflektierten Phrasen stellt er sich allerdings selbst ein Bein. Seine Äußerung, dass das Gehalt das Einzige ist, was ihm an seiner momentanen Stelle nicht gefällt, macht den Personalverantwortlichen hellhörig. Erneut hat der Bewerber seinem Gesprächspartner mit einer passiven und wenig durchdachten Strategie Tür und Tor für skeptische Nachfragen geöffnet. Solche Nachfragen verunsichern den Bewerber so gravierend, dass er schließlich von sich aus seine Gehaltsforderung drastisch reduziert. Doch damit nicht genug.

Bleiben Sie wach und aktiv

Mit unbedachten Äußerungen macht er es dem Personalverantwortlichen leicht, ihn immer mehr in die Enge zu treiben. Schließlich stimmt er sogar zu, sich erst einmal »bewähren« zu müssen. Diese Verzögerungs-Taktik des Personalprofis hat Erfolg gezeigt (siehe Abschnitt »Die bösen 13: aggressive Argumente und einschüchternde Phrasen«). Damit hat der Bewerber endgültig die Chance auf ein überdurchschnittliches Gehalt verspielt.

Lassen Sie sich nicht in die Enge treiben

Die Erfolgsbilanz des Bewerbers ist immer noch nicht aufgetaucht, die Gehaltsverhandlung findet weiterhin im luftleeren Raum statt. Beide Verhandlungspartner versuchen sich gegenseitig auszutricksen. Der Personalverantwortliche sitzt bei diesem Schlagabtausch aber eindeutig am längeren Hebel, was der Bewerber auch zu spüren bekommt. Das 13. Monatsgehalt wird ihm als besonderes Zugeständnis verkauft.

Wieder befindet sich der Bewerber in der Defensive. Mit der Häppchen-Taktik und einigen Rechentricks wird ihm vorgegaukelt, dass seine Forderungen eigentlich erfüllt sind. Mit dem Hinweis auf exzellente Aufstiegsmöglichkeiten hilft der Personalverantwortliche noch mit der Vernebelungs-Taktik nach. Der Widerstand ist endgültig gebrochen. Der Bewerber hat sich weit unter seinen Gehaltsvorstellungen verkauft.

Ersparen Sie sich inhaltsleere Gehaltsverhandlungen. Es gibt keine Zaubersprüche und Beschwörungsformeln, die Personalverantwortliche gefügig machen. Sie müssen Ihre Gehaltswünsche auf alle Fälle begründen können. Operieren Sie stets mit Ihrer Erfolgsbilanz und argumentieren Sie aus dem Blickwinkel des Unternehmens. Wenn Sie dann noch Einwände von der Seite des Unternehmens souverän ausräumen, können Sie die Gehaltsspielräume der Gegenseite ausloten und das für Sie optimale Ergebnis erzielen. Orientieren Sie sich an unserem »Ablaufschema für Gehaltsverhandlungen in Vorstellungsgesprächen« (siehe Übersicht 5), um im Gehaltspoker bestehen zu können.

Schritt für Schritt zum Verhandlungserfolg

Ablaufschema für Gehaltsverhandlungen in Vorstellungsgesprächen

Übesicht 5

1. Anforderungen in der neuen Stelle herausstreichen
2. Abgleich zwischen Anforderungsprofil und Erfolgsbilanz durchführen
3. Einwände zurückweisen
4. finanzielle Gestaltungsspielräume ausloten
5. Einigung herstellen

Anforderungen in der neuen Stelle herausstreichen Steigen Sie in die Gehaltsverhandlung ein, indem Sie zunächst die speziellen Anforderungen der neuen Position, die ein überdurchschnittliches Gehalt rechtfertigen, zusammenfassen. So wechseln Sie in die Unternehmensperspektive und nehmen Einwänden von vornherein den Wind aus den Segeln. Stellen Sie den Wert, den Ihre zukünftige Arbeit für das Unternehmen haben wird, in den Vordergrund.

Abgleich zwischen Anforderungsprofil und Erfolgsbilanz durchführen Bringen Sie im nächsten Schritt Ihre Erfolgsbilanz ins Spiel. Machen Sie deutlich, dass Sie die Erwartungen des Unternehmens erfüllen werden. Liefern Sie Beispiele dafür, dass Sie auch bisher schon erfolgreich tätig waren. Bestätigen Sie die Einschätzung des Personalverantwortlichen, dass Sie die richtige Frau, der richtig Mann für die ausgeschriebene Stelle sind.

Liefern Sie Beispiele für Erfolge

Einwände zurückweisen Auch bei Gehaltsverhandlungen in Vorstellungsgesprächen kann es Ihnen passieren, dass Ihre Forderung nicht sofort akzeptiert wird. Lassen Sie sich nicht unnötig herunterhandeln. Weisen Sie aggressive Argumente und einschüchternde Phrasen gegen die Höhe des von Ihnen geforderten Gehaltes zurück.

Finanzielle Gestaltungsspielräume ausloten Bleiben Sie in Gehaltsgesprächen bei der Durchsetzung Ihrer Ziele flexibel. Verhandeln Sie über Zusatzleistungen, legen Sie Ihr Fixgehalt fest und definieren Sie Erfolgsanteile. Es lohnt sich nicht, um den letzten Euro zu feilschen, wenn die anderen Bedingungen stimmen. Geben Sie sich grundsätzlich kompromissbereit, aber treten Sie für Ihre Gehaltswünsche ein.

Bleiben Sie offen und flexibel, ohne umzufallen

Einigung herstellen Fassen Sie die getroffenen Vereinbarungen zusammen. Fixieren Sie die Ergebnisse für sich stichwortartig. So verhindern Sie, dass einzelne Punkte untergehen, und behalten den Überblick. Schwören Sie alle Beteiligten auf das gemeinsame Resultat ein.

Nicht alle Gehaltsverhandlungen verlaufen gleich. Manchmal müssen Sie mehr Einwände ausräumen, manchmal werden Einwände gänzlich fehlen. Bei einigen Positionen ist der Verhandlungsspielraum größer, bei anderen geringer. Es wird aber immer darum gehen, Begründungen für Ihren Gehaltswunsch zu liefern und Ihre Argumente so zu gestalten, dass sie für das Unternehmen plausibel werden. Wie Sie dabei vorgehen können, zeigt Ihnen unser Positivbeispiel.

Die Fäden in der Hand

Personalverantwortlicher: »Wir müssen nun noch über das Gehalt sprechen. Welche Vorstellungen haben Sie denn?«
Bewerber: »Unsere Vorstellungen dürften sehr ähnlich sein. Im bisherigen Verlauf des Gespräches hat sich ja herausgestellt, dass die Position als Produktmanager mit hohen Anforderungen an die Mobilität verbun-

Beispiel

den ist. Die Abstimmung zwischen den Forschungsinstituten und der Produktion, sowie die Initiierung europaweiter Marketingkampagnen wird sehr viel Reisetätigkeit notwendig machen. Wir beide sind uns ja auch darin einig, dass der Erfolg neuer Produktreihen für das Unternehmen sehr wichtig ist. Ich werde Verantwortung für die zukünftige Unternehmensentwicklung übernehmen und dafür Überdurchschnittliches leisten müssen. Mein Gehalt sollte im Bereich von 60 000 Euro liegen.«

Positiv-
beispiel

Personalverantwortlicher: »Diese Forderung scheint mir etwas überzogen.«

Bewerber: »Bei meiner Gehaltsvorstellung bin ich von dem ausgegangen, was ich für die Firma leisten kann. Ich bringe umfassende Branchenerfahrung mit und kenne die spezifischen Probleme in der Produktentwicklung in Ihrem Tätigkeitsbereich. Mit meinem Know-how in der Forschung wie auch im Vertrieb und im Marketing fällt mir die Vermittlung zwischen den einzelnen Unternehmensbereichen leichter als anderen. Für meinen jetzigen Arbeitgeber habe ich ja auch bereits ein neues Marktsegment erschlossen. Sie können auf mein Engagement und meine Kompetenzen bauen. Daher halte ich ein Gehalt, dass sicherlich im oberen Drittel der gängigen Entlohnung liegt, für begründet. Sie erwarten ja auch von mir, dass ich weiterhin Überdurchschnittliches leisten werde.«

Personalverantwortlicher: »Sie haben Recht, dass die neue Produktreihe sehr wichtig für unser Unternehmen ist. Das heißt, dass wir in Zukunft alle Besonderes leisten müssen. Niemand wird sich drücken, Sie werden die Unterstützung erhalten, die Sie brauchen. Aber wir wissen ja noch nicht, ob wir die Erfolge erzielen werden, die wir uns wünschen. Daher müssen alle das Risiko mittragen. Ein Gehalt von über 50 000 Euro wird dem nicht gerecht.«

Bewerber: »Mir geht es ja genauso wie Ihnen. Ich steige in ein Projekt ein, das ich noch nicht kenne und dessen Erfolgschancen ich noch nicht beurteilen kann. Um meinen Beitrag zu leisten, bin ich aber gern bereit, mit Ihnen über flexible Gehaltsanteile zu reden.«

Personalverantwortlicher: »Ich kann Ihnen nicht mehr geben, als in der Kasse ist.«

Bewerber: »Das würde ich von Ihnen auch nie verlangen, schließlich geht es darum, gemeinsam den Unternehmenserfolg zu sichern. Meine Arbeit wird Ihnen aber mehr Geld in die Kasse bringen. Ich verlange ja nur einen kleinen Teil davon für mich.«

Personalverantwortlicher: »Sie wären also bereit, ein Jahresgehalt von

50 000 Euro zu akzeptieren, wenn wir noch über Erfolgsbeteiligungen reden?«

Bewerber: »Ich rede gerne mit Ihnen über Erfolgsbeteiligungen, allerdings auf der Basis eines Fixgehaltes von 55 000 Euro. Welche zusätzlichen Gehaltskomponenten sind bei Ihnen im Unternehmen denn möglich?«

Personalverantwortlicher: »Es gibt Möglichkeiten, ich glaube aber nicht, dass in Ihrer Position Sachzuwendungen oder ein Jobticket eine besondere Rolle spielen. Wir sollten uns vorrangig über variable und fixe Gehaltsteile unterhalten. Mehr als 52 000 Euro fix kann ich Ihnen beim besten Willen nicht bieten. Ich bin aber bereit, Ihnen eine Umsatzprovision einzuräumen. In einer Zielvereinbarung werden wir festlegen, welche Umsätze Sie erreichen müssen, um einen Gehaltszuschlag von 5 000 bis 10 000 Euro pro Jahr zu erhalten.«

Bewerber: »Wenn wir eine Einigung finden können, die bei unerwartet guten Umsätzen auch einen Gehaltszuschlag von 15 000 Euro möglich macht, werde ich zustimmen.«

Personalverantwortlicher: »Gut, aber stellen Sie sich darauf ein, dass wir die Ziele, die Sie erfüllen müssen, um mehr als 10 000 Euro Provision zu erhalten, sehr hoch ansetzen werden.«

Bewerber: »Ich habe Sie im bisherigen Gespräch ja als handfesten und verlässlichen Gesprächspartner kennen gelernt. Sie werden mich sicher nicht mit utopischen Forderungen konfrontieren. Einer besonderen Herausforderung stelle ich mich gerne.«

Personalverantwortlicher: »Dann haben wir also eine Vereinbarung?«

Bewerber: »Ja, ich werde bei Ihnen die Stelle als Produktmanager für ein Jahresgehalt von 52 000 Euro antreten. Über Umsatzprovisionen habe ich die Möglichkeit, das Jahresgehalt um 5 000 bis 15 000 Euro aufzustocken.«

Personalverantwortlicher: »Exakt, auf gute Zusammenarbeit.«

Es ist durchaus möglich, ein Gehaltsgespräch als Verhandlung unter Gleichberechtigten zu gestalten. Die Situation, dass Bewerber als Bittsteller auftreten und Personalverantwortliche sich auf das Blockieren verlegen, ist kein unabwendbares Schicksal. Der Bewerber aus dem Positivbeispiel hat die wichtigste Voraussetzung für Gehaltsverhandlungen erfüllt: Er ist

Stehen Sie zu Ihren Qualifikationen

sich über seine Qualifikation genauso im Klaren wie über die Anforderungen der neuen Position.

Beim Einstieg in das Gehaltsgespräch vermeidet es der Bewerber, eine Gehaltssumme ohne nähere Begründung in den Raum zu stellen. Er agiert deutlich konsensorientiert: Nachdem er betont hat, dass die Vorstellungen der Verhandlungsparteien die Gleichen sind, nämlich eine optimale Bewältigung der Aufgabe mit einer angemessenen Entlohnung zu honorieren, stellt er die besonderen Anforderungen in der zu besetzenden Position heraus. Der Stellenwechsler beschränkt sich dabei auf diejenigen Punkte, die besondere Leistungen erfordern. Erst am Ende seiner Erläuterung nennt er seinen Gehaltswunsch.

Unterstreichen Sie Ihre Bereitschaft zum Konsens

Der Personalverantwortliche reagiert mit der Verunsicherungs-Taktik, um herauszufinden, wie ernst der Bewerber seine eigene Position nimmt. Um zu zeigen, dass sein Gehaltswunsch gut durchdacht ist, steigt der Stellenwechsler daraufhin in den Abgleich zwischen Anforderungsprofil und Erfolgsbilanz ein. Er nennt gute Gründe und stellt einen gegenseitigen Gewinn in Aussicht.

Natürlich gibt sich der Personalverantwortliche noch nicht geschlagen und will den Bewerber weiter verunsichern. Er arbeitet mit der »Alle in einem Boot«-Taktik, indem er betont, dass »in Zukunft alle Besonderes leisten müssen«. Anschließend versucht er den Gehaltswunsch mit einer Kombination aus Verzögerungs- und Häppchen-Taktik zu drücken. Auch dieser massive Einsatz von Argumenten kann den Bewerber nicht einschüchtern. Er kontert gelassen mit einer teilweisen Zustimmung und achtet darauf, weiterhin das Wir-Gefühl zu stärken. Mit der signalisierten Verhandlungsbereitschaft wirft er den Ball wieder dem Personalverantwortlichen zu. Dieser greift zum ultimativen Mittel: Mit der Elends-Taktik soll der Bewerber dazu gebracht werden, ein niedrigeres Einstiegsgehalt zu akzeptieren.

Signalisieren Sie Verhandlungsbereitschaft

Der Bewerber wehrt sich mit der »Ja, aber«-Technik und verweist noch einmal auf die positiven Aspekte, die seine Anstellung für das Unternehmen haben würde. Daraufhin gibt der Personalverantwortliche seine Blockadehaltung auf; er ist nun überzeugt vom Einsatzwillen des Bewerbers und von der Ernsthaftigkeit des Gehaltswunsches. Das Angebot der Unternehmensseite wird erhöht, allerdings ohne eine konkrete Festlegung. Der Stellenwechsler weiß, dass er nun die finanziellen Spielräume des Unternehmens ausloten kann. Er macht ein Gegenangebot und erfragt zusätzliche Gehaltskomponenten. Ihm wird daraufhin die absolute Schmerzgrenze des Personalverantwortlichen mitgeteilt. Gleichzeitig werden ihm variable Gehaltsbestandteile in Aussicht gestellt, um ihm entgegenzukommen.

Achten Sie auf Angebote

Das greift der Bewerber auf. Während er sich einigungsbereit zeigt, nutzt er allerdings die Chance, um sich noch einen Gehaltszuschlag zu sichern: Die Spanne der Umsatzprovision schiebt er um 5 000 Euro auf 15 000 Euro nach oben. Bei einer optimalen Geschäftsentwicklung könnte er neben den 52 000 Euro Fixgehalt noch eine Umsatzbeteiligung von 15 000 Euro erzielen. Er hat es also letztendlich geschafft, seine Startforderung von 60 000 Euro im Idealfall auf 67 000 Euro auszuweiten.

Um die gute Stimmung bei der Einigung zu verstärken, greift der Bewerber noch zum taktischen Loben des Personalverantwortlichen und fasst danach die Vereinbarung zusammen. Der Personalverantwortliche hat es dem Bewerber keinesfalls leicht gemacht, seinen Gehaltswunsch durchzusetzen. Die Ernsthaftigkeit seines Anliegens hat den Unternehmensvertreter aber überzeugt. Das Ergebnis der Gehaltsverhandlung im Vorstellungsgespräch ist ein für beide Seiten akzeptabler Kompromiss, der einen unbelasteten Start in die neue Position ermöglicht.

Starten Sie unbelastet in die neue Position

Mehr Gehalt im neuen Job – Stellenwechsler im Gehaltsgespräch

Im Blick

- Dem Vorteil, dass in Vorstellungsgesprächen automatisch Gehaltsverhandlungen geführt werden, steht der Nachteil entgegen, dass Sie das Unternehmen zuerst davon überzeugen müssen, dass es sich lohnt, Sie einzustellen.

- Nicht immer wird ein zweites Vorstellungsgespräch geführt, in dem ausschließlich Gehaltsfragen geklärt werden. Manchmal wird schon im ersten Vorstellungsgespräch verhandelt.

- Versuchen Sie nicht, sich über den Preis – eine geringe Gehaltsforderung – zu verkaufen. Personalverantwortliche vermuten dann, dass Sie an Ihrem alten Arbeitsplatz unter Druck stehen.

- Überzogene Gehaltsforderungen werfen ein schlechtes Licht auf Sie. Personalverantwortliche werden daraus schließen, dass Sie zu Selbstüberschätzung neigen und es Ihnen schwer fällt, sich in ein Team einzupassen.

- Bringen Sie vor dem Vorstellungsgespräch die üblicherweise in Ihrer Branche für die angestrebte Position gezahlten Gehälter in Erfahrung.

- Werten Sie die Stellenausschreibung auf besondere Tätigkeiten aus, die ein überdurchschnittliches Gehalt rechtfertigen könnten.

- Ihre Gehaltswünsche lassen sich niemals von Ihrem Profil abkoppeln. Das in Aussicht gestellte Gehalt ist die Gegenleistung für die Leistung, die Sie für das Unternehmen erbringen werden.

- Bei Bewerbern mit einem interessanten Profil sind Personalverantwortliche in Gehaltsfragen kompromissbereiter.

- Werfen Sie Personalverantwortlichen keine Zahlen an den Kopf. Begründen Sie Gehaltsforderungen immer mit Auszügen aus Ihrer Erfolgsbilanz.

- Aus der Art Ihrer Verhandlungsführung schließen Personalverantwortliche auf Ihre Soft Skills. Sie müssen also stets ge-
  sprächsbereit bleiben, sich kooperativ verhalten, auf ein Ergebnis hinarbeiten und dürfen sich nicht aus der Ruhe
  bringen lassen.
- Um überzeugend aufzutreten, müssen Sie aus dem Blickwinkel des Unternehmens argumentieren können. Dies gelingt
  Ihnen, wenn Sie unser Ablaufschema verwenden:
  1. Anforderungen in der neuen Stelle herausstreichen
  2. Abgleich zwischen Anforderungsprofil und Erfolgsbilanz
     durchführen
  3. Einwände zurückweisen
  4. finanzielle Gestaltungsspielräume ausloten
  5. Einigung herstellen
- Auch gut vorbereitete Gehaltsverhandlungen in Vorstellungsgesprächen sind keine Selbstläufer. Erst mit einem beruflichen
  Profil – der Erfolgsbilanz – und der Fähigkeit zur sachlichen
  Verhandlungsführung werden Sie Personalverantwortliche
  überzeugen.

10

Nur nicht nervös werden! – Wie Sie mit Körpersprache überzeugen

Der richtige Einsatz von Körpersprache hilft Ihnen, Gehaltsgespräche souverän zu führen. Der persönliche Eindruck, den Sie im Gespräch vermitteln, kann entscheidend dafür sein, ob Sie Ihr Ziel erreichen. Die Bereitschaft der Unternehmensseite, Ihnen entgegenzukommen, hängt davon ab, inwieweit Sie es schaffen, sich positiv in Szene zu setzen. Lernen Sie sich Ihrer Körpersprache bewusst zu werden, Störfaktoren auszuschalten und souverän zu agieren.

Viele Menschen werden sich ihrer körpersprachlichen Signale erst bewusst, wenn es zu spät ist. Wenn das Gespräch »aus dem Ruder läuft«, stellen sie fest, dass sie falsch verstanden wurden. Plötzlich herrscht schlechte Stimmung: Man fühlt sich gezwungen, sich zu rechtfertigen. Man wird wütend, weil man sich unverstanden fühlt. Dinge, die einem selbst einleuchtend **Lassen Sie** erscheinen, versteht der Gesprächspartner einfach nicht. Alles, **keine Stör-** was man sagt, um die Situation zu beruhigen, führt zu noch **faktoren auf** mehr Streit.

der Bezie- Wenn diese Störfaktoren auftreten, ist die Beziehungsebene **hungsebene** beeinträchtigt. Man redet zwar miteinander, schafft es aber **zu** nicht, eine Verständigung herbeizuführen. Das Gespräch findet auf einmal wie im Nebel statt, keinem der Gesprächspartner ist mehr klar ersichtlich, was der andere eigentlich will. Normalerweise werden solche Gespräche zu einem gewissen Zeitpunkt abgebrochen, die Missverständnisse sind einfach zu groß.

Wenn Sie sich im Gehaltsgespräch durchsetzen wollen, dürfen Sie Vorgesetzte oder Personalverantwortliche nicht gegen sich aufbringen. Sie wollen ja gerade das Entgegenkommen des jeweiligen Unternehmensvertreters erreichen. Störungen auf der Beziehungsebene führen sehr leicht zu einem Sympathieverlust. Sie sollten sich dieser Gefahr nicht aussetzen. Machen Sie sich rechtzeitig klar, dass ein Gespräch niemals nur auf der Sachebene stattfindet. Fakten, Daten und Informationen lassen sich nicht wertfrei und objektiv an Dritte weitergeben. Die persönliche Komponente, der »Draht zueinander«, lässt sich nicht aus dem Gespräch ausblenden.

Bleiben Sie sympathisch

Aus unserer Beratungspraxis

Der Unverstandene

Beratung

Ein Gruppenleiter suchte uns auf, weil er Schwierigkeiten mit seinem Vorgesetzten bei einer Gehaltsverhandlung befürchtete. Wir fragten ihn, weshalb er Probleme erwartete. Unser Kunde stellte sein Verhältnis zum Vorgesetzten als generell schwierig dar. Er hatte das Gefühl, das sein Abteilungsleiter seine Vorschläge ständig abblockte. Daher vermutete er, dass dieser seine Gehaltswünsche ebenfalls zurückweisen würde.

Auf weitere Nachfrage erläuterte der Kunde, dass sein Vorgesetzter vernünftigen Argumenten nicht zugänglich sei. Immer wenn er das Gespräch suchte, war er trotz guter argumentativer Vorbereitung bei seinem Chef auf taube Ohren gestoßen. Auch wir hatten inzwischen Schwierigkeiten, den Ausführungen des Kunden vorurteilsfrei zu folgen, da er ständig mit seinen Fingern auf dem Tisch herumtrommelte und immer wieder unvermittelt mit dem Fuß des übergeschlagenen Beines von unten gegen die Tischplatte stieß.

Je zurückhaltender wir uns verhielten, desto mehr kam der Kunde körpersprachlich in Fahrt. Als er anfing, mit dem Zeigefinger in unsere Richtung zu stechen, unterbrachen wir seinen Redefluss und seine Gesten. Mit einem lauten »Stopp!« froren wir seine Körpersprache kurzfristig ein. Erstaunt blickte der Gruppenleiter auf den in unsere Richtung ausgestreckten Zeigefinger. Nach einer kurzen Besinnungspause zog er den Arm zurück und sah uns verblüfft an. Wir hakten ein und wiesen ihn darauf hin, dass er mit seinen Gesten ständig Störsignale ins Gespräch brachte.

Mithilfe einer Videoanalyse machten wir dem Kunden seine Körpersprache bewusst und trainierten mit ihm, körpersprachliche Störungen in Gesprächen zu vermeiden. Wir empfahlen ihm vor dem Gehaltspoker noch einmal den Kontakt mit seinem Vorgesetzten zu suchen, um sein neues Gesprächsverhalten auszuprobieren. Der Kunde rief uns nach einiger Zeit begeistert an: Sein Chef hatte ihm das erste Mal in Ruhe zugehört.

Fazit: Nicht nur das, was Sie sagen, ist wichtig, auch das Wie ist entscheidend. Ihre Körpersprache wird von Ihrem Gesprächspartner registriert. Körpersprachliche Störfaktoren rächen sich früher oder später. Wer sich angegriffen fühlt, wird Ihnen seine Sympathie entziehen.

Sympathie-Killer und Sympathie-Verstärker

In zwischenmenschlichen Kontakten, also auch in Gehaltsverhandlungen, spielt die Körpersprache eine herausragende

Rolle. Die Haltung eines Menschen, seine Mimik, seine Gestik und sein Tonfall werden nicht ausgeblendet, wenn er Forderungen stellt. Die Informationen werden auf zwei Ebenen vermittelt: auf der Sachebene und auf der Beziehungsebene. Beide Ebenen sind nicht voneinander zu trennen. Neben den Informationen auf der Sachebene werden auch immer begleitende Aussagen auf der Beziehungsebene gemacht. Diese wichtigen Zusatzinformationen geben Aufschluss darüber, welche Bedeutung der Sprecher seinen Worten geben will und welche Reaktionen er von seinem Gegenüber erwartet.

Sachebene und Beziehungsebene bedingen einander

Häufig kommt es zu Auseinandersetzungen, wenn einer der Gesprächspartner sich nicht über die Bedeutung des Gesagten klar werden kann und etwas anderes versteht, als der andere meint. Die Beziehungsebene ist besonders anfällig für Missverständnisse und Irritationen. Dies liegt vor allem daran, dass wir uns sehr viele Gedanken über den Sachinhalt unserer Aussagen machen, aber wenig Kenntnis von der Steuerung der Signale haben, die die Beziehungsebene berühren. Zu den Signalen gehören: der Tonfall, die Sprechgeschwindigkeit, die Lautstärke, die Mimik, die Gestik, die Körperhaltung und die räumliche Distanz zum Gesprächspartner. Diese Signale sagen oft mehr aus als die gesprochenen Worte. Sie funktionieren sogar ganz ohne verbale Unterstützung. Es handelt sich um eine eigenständige Sprache: die Körpersprache.

Nur den wenigsten Menschen ist wirklich bewusst, dass sie stets auf zwei Ebenen kommunizieren: mit Worten auf der Sachebene und mit der Körpersprache auf der Beziehungsebene. In unseren Workshops und Seminaren müssen wir den meisten Teilnehmern erst einmal wortwörtlich vor Augen führen, welche Informationen sie eigentlich vermitteln. Die Teilnehmer sind sich der Eindeutigkeit der Aussagen meist sicher, bis sie sich selbst auf einer Videoaufzeichnung sehen. Beim Betrachten der Aufzeichnungen sind viele überrascht, weil sie

Werden Sie sich Ihrer Körpersprache bewusst

zum ersten Mal auf die körpersprachlichen Signale achten, die sie aussenden.

Die Erkenntnis, dass ihr Körper eine so deutliche Sprache spricht, ist für viele Teilnehmer neu. Den guten Draht zu anderen Menschen und deren Sympathie kann man sich schnell verscherzen, wenn man unpassende körpersprachliche Aussagen macht. Wer anderen mit seiner Körpersprache mitteilt, dass er sie für unfähig, langweilig, bedeutungslos, uninteressant, störend oder auch hoffnungslos überlegen hält, kann nicht mit der Akzeptanz seiner Gesprächspartner rechnen.

Deutliche Sprache des Körpers

Wir werden Ihnen anhand von typischen Beispielen aus Gehaltsverhandlungen vorstellen, wie durch Sympathie-Killer negative Entwicklungen in Gang gesetzt werden können. Danach erfahren Sie, wie Sie situationsangemessene Körpersprache einsetzen können. Dadurch werden Ihnen Ihre eigenen, bisher unbewussten körpersprachlichen Signale bewusster werden. Sie lernen, ein Gespür für die Anforderungen in Gehaltsverhandlungen zu entwickeln und Ihr körpersprachliches Verhaltensrepertoire zu erweitern. So erreichen Sie ein tieferes zwischenmenschliches Verständnis und können berufliche Situationen aktiver gestalten.

Wenn Sie nach unseren Tipps und Hinweisen zur Körpersprache auf den Geschmack gekommen sind und tiefer in diese faszinierende Materie eindringen möchten, empfehlen wir Ihnen unser Buch *Erfolgsfaktor Körpersprache. Sicher auftreten im Beruf*. Sie erfahren dort, wie Sie sich in Konferenzen behaupten, Verkaufsgespräche erfolgreich abschließen, Ergebnisse präsentieren, für reibungslose Zusammenarbeit sorgen und in Beratungsgesprächen überzeugen.

Erweitern Sie das Repertoire Ihrer Körpersprache

Mit dem Kopf durch die Wand

Wenn Gehaltsgespräche auf der Tagesordnung stehen, setzen sich Mitarbeiter oft stark unter Druck. Das anstehende Gespräch erzeugt Unsicherheit und es wird meist erwartet, dass der Vorgesetzte sich ablehnend verhalten wird. Je nach Persönlichkeit führt dies dazu, dass sich einige Mitarbeiter regelrecht in Aufruhr hochschaukeln, andere wiederum resignieren von vornherein. Besonders Mitarbeiter, die sich ungerecht behandelt, beim internen Aufstieg benachteiligt und bei Gehaltserhöhungen übergangen fühlen, neigen dazu, mit einer Mischung aus Frustration und Wut in das Gehaltsgespräch hineinzugehen.

Die Vorbereitung auf die Gehaltsverhandlung leidet darunter sehr stark. Statt Argumente zu sammeln und sich einzuprägen, wird hauptsächlich die erwartete Ablehnung der Gehaltswünsche hin und her gewälzt. Die Beantwortung der wichtigen Frage: »Welche Gründe sprechen für eine Gehaltserhöhung?«, wird vernachlässigt. Im Raum steht vielmehr: »Lasse ich mir eine Ablehnung gefallen?« Schon im Vorfeld wird also das Scheitern der Gehaltsverhandlung angenommen und »Alternativen« wie das Hinzuziehen des Betriebsrates, die Kündigung oder der Dienst nach Vorschrift werden erwogen. Mit einer solchen Denkweise setzt man sich der Gefahr einer sich selbsterfüllenden Prophezeiung aus: Welche Chance hat eine gütliche Einigung, wenn sie von vornherein als unmöglich angesehen wird? Der aufgestaute Zorn oder die vorweggenommene Enttäuschung sorgen zwangsläufig dafür, dass das Gehaltsgespräch zu einer Konfrontation zwischen Mitarbeiter und Vorgesetztem wird. Auch wenn Mitarbeiter glauben, dass sie neutral auftreten, sagt ihre Körpersprache doch oft etwas anderes aus. Ein direkter Angriff auf den Vorgesetzten oder der Versuch einer Erpressung wird aber zum Scheitern der Gehaltsverhandlung führen.

Sie erfahren nun, was passieren kann, wenn ein temperamentvoller Mitarbeiter sich nicht über seine Körpersprache im Klaren ist. Das aggressive Auftreten des Mitarbeiters macht es dem Vorgesetzten schwer, eine Auseinandersetzung auf der Sachebene zu

Sammeln Sie Argumente

Blockieren Sie sich nicht im Vorfeld

Geld auf den Tisch!

führen. Danach stellen wir Ihnen vor, wie ein souveräner Auftritt beim Gehaltspoker gelingt.

Quer schießende Emotionen

In unserem ersten Beispiel sehen Sie einen Mitarbeiter, der in die Schlacht um mehr Gehalt zieht. Aus seiner Sicht kann es **Streben Sie** nur einen Gewinner im Gehaltsgespräch geben. Die Möglich-**einen** keit einer gütlichen Einigung hat er von vornherein ausge-**Konsens an** schlossen: Er will mit dem Kopf durch die Wand.

Der Mitarbeiter auf dem Foto 1, links im Bild, versucht seinen Vorgesetzten unter Druck zu setzen. Er startet körpersprachlich einen direkten Angriff, indem er mit dem Zeigefinger der rechten Hand nach dem Chef stößt. Eine ausgefeilte Argumentation ersetzt er durch den Hinweis auf die – seiner Meinung nach – für alle ersichtlichen Gründe für eine Gehalts-

Ich soll mich nicht aufregen?

erhöhung. Mit dem linken Zeigefinger weist er auf die leere Tischplatte und will so verdeutlichen, dass es keiner größeren Auseinandersetzung bedarf, da an der Berechtigung seiner Wünsche nicht zu zweifeln sei.

Der Vorgesetzte verhält sich sehr abwartend. Mit den verschränkten Armen hat er eine Barriere gegen die Angriffe des Mitarbeiters errichtet. Sein skeptischer Blick zeigt, dass er mehr mit der Einschätzung seines Gegenübers beschäftigt ist als mit dem Abwägen von Argumenten. Das demonstrative Einigeln des Vorgesetzten bringt den Mitarbeiter richtig in Fahrt. Sein grimmiger Blick signalisiert dem Vorgesetzten, dass er es auf eine Konfrontation ankommen lassen wird. **Bleiben Sie offen für Entwicklungen**

Um die Wogen zu glätten, greift der Vorgesetzte auf dem Foto 2 zu einer Beschwichtigungsgeste. Er versucht die hochkochenden Emotionen unter Kontrolle zu bekommen. Gleichzeitig sollen die ausgestreckten Unterarme den aufbrausenden Mitarbeiter auf Distanz halten. Dieser missversteht die Geste

Bis hierhin und nicht weiter

und vermutet, dass der Vorgesetzte seine Wünsche vom Tisch schieben will.

Eine solche Entwicklung hatte der Mitarbeiter erwartet, er fühlt sich sogleich in seiner Skepsis bestätigt und würde dem Vorgesetzten am liebsten »an die Gurgel gehen«. Der Mitarbei-**Konzen-** ter spreizt die Unterarme vom Körper ab, um sich mehr Ge-**trieren Sie** wicht in der Situation zu verschaffen. Mit weit aufgerissenen **sich auf** Augen nimmt er seinen vermeintlichen Feind ins Visier. Man **das Thema** hört ihn förmlich schreien: »Das kann doch nicht Ihr Ernst sein!« Für den Vorgesetzten geht es in dieser Situation nur noch darum, eine endgültige Eskalation zu vermeiden. Das Thema Gehaltserhöhung spielt schon lange keine Rolle mehr.

Der Mitarbeiter hat es durch sein Auftreten geschafft, seine Befürchtungen eintreten zu lassen. Eine konstruktive Atmosphäre konnte gar nicht erst entstehen. Sein Vorgesetzter konzentriert sich nun tatsächlich darauf, ihn abzublocken. Allerdings geschieht dies nicht, um Gehaltswünsche auszuschlagen,

Dann eben ohne mich!

sondern um das aggressive Verhalten des Mitarbeiters in den Griff zu bekommen.

Auf dem Foto 3 versucht der Vorgesetzte, Grenzen zu ziehen. Er stoppt mit der erhobenen linken Hand den Redeschwall des Mitarbeiters. Mit der rechten Hand baut er eine Grenze auf, um einen Bereich zu definieren, in den er sich vom Mitarbeiter nicht hineinreden lässt. Der Vorgesetzte behält sich die Entscheidung vor, ob eine Gehaltserhöhung gewährt wird oder nicht. Das bisherige Vorgehen des Mitarbeiters lässt allerdings nicht vermuten, dass die Entscheidung zu seinen Gunsten ausfallen wird. Durch das zu offensive Vorgehen hat er seinen Chef in eine Verteidigungsstellung manövriert, in der sich dieser verschanzen wird.

Ihr Verhalten bestimmt Ihren Verhandlungserfolg

Der Mitarbeiter zeigt wenig Verständnis dafür, dass sich sein Vorgesetzter nicht überrumpeln lassen will. Er lässt sich kurzfristig in die Defensive drängen, körpersprachlich wird dies durch den vom Vorgesetzten weggeneigten Oberkörper sichtbar. Vonseiten des Mitarbeiters ist keine Bereitschaft zu erkennen, den ihm vom Vorgesetzten zur Verfügung gestellten Raum mit Argumenten für eine Gehaltserhöhung zu füllen: Die Fronten sind verhärtet.

Leisten Sie Überzeugungsarbeit Statt Überzeugungsarbeit zu leisten verlegt sich der Mitarbeiter auf dem Foto 4 aufs Drohen. Er lässt beide Fäuste auf die Tischplatte krachen und reckt dem Vorgesetzten kämpferisch die Stirn entgegen. Immer noch ist der Mitarbeiter nicht bereit, über die Angemessenheit einer Gehaltserhöhung zu diskutieren. Er will seine Vorstellungen ohne Rücksicht durchsetzen.

Damit treibt er den Vorgesetzten dazu, sich ebenfalls stur zu verhalten und eine Gehaltserhöhung kategorisch abzulehnen. Der Vorgesetzte macht dies durch den erhobenen Zeigefinger deutlich. Seine Körpersprache verrät: »So kommen Sie bei mir nicht weiter!« Die Auseinandersetzung wird bei beiden Gesprächspartnern unangenehme Erinnerungen hinterlassen, die sich negativ auf die weitere Zusammenarbeit auswirken werden.

Chancen wahren und nutzen Die Ablehnung seiner Gehaltsforderung hat sich der Mitarbeiter selbst zuzuschreiben. Im Gespräch hat er vorrangig daran gearbeitet, sich sein Selbstbild als unangemessen bezahlter Leistungsträger zu bestätigen. Die Bereitschaft, sich mit dem Vorgesetzten auf einer sachlichen Ebene angemessen auseinander zu setzen, fehlte von vornherein. Das Gehaltsgespräch war von Anfang an zum Scheitern verurteilt.

Gelassen auftreten

Wie geht es besser? Gerade wenn Sie erwarten müssen, auf Widerstände bei Ihrem Wunsch nach einer Gehaltserhöhung zu treffen, sollten Sie Ihr Bestes geben. Wenn Sie sich nur bestätigen wollen, dass aus der Gehaltsaufstockung nichts werden wird, sollten Sie auf ein Gespräch verzichten. Fassen Sie ein po-

Eine freundliche Gesprächseröffnung

sitives Ziel ins Auge, vertreten Sie Ihr Anliegen hart in der Sache, aber fair im Umgang miteinander.

Auf dem Foto 5 wählt der Mitarbeiter einen betont offenen Gesprächseinstieg. Seine offenen Handflächen sollen dem Vorgesetzten signalisieren, wie wichtig ihm die Meinung des Chefs ist. Der Mitarbeiter strebt eine inhaltlich geführte Auseinandersetzung über Gehaltsfragen und keinen Schlagabtausch an. Beide Gesprächspartner sitzen sehr aufrecht und geben sich damit abwartend, was die weitere Entwicklung mit sich bringt.

Der Vorgesetzte hat nicht vor, es dem Mitarbeiter besonders leicht zu machen. Mit den auf dem Tisch abgelegten Armen und Händen steckt er sein Revier ab. So will er dem Mitarbeiter **Rechnen Sie** verdeutlichen, dass das Gespräch in seiner Einflusssphäre statt- **mit Gegenar-** findet und dass kein Weg an ihm vorbeiführt. Die Atmosphäre **gumenten** ist unbelastet, aber auch nicht übertrieben freundlich. Beide Gesprächspartner wissen, dass der Mitarbeiter überzeugen und stichhaltige Argumente bringen muss.

Die Kassen sind leer

Als Reaktion auf den Input des Mitarbeiters zuckt der Vorgesetzte auf dem Foto 6 mit den Schultern und macht eine »Schnute«. Seine nach oben gehaltenen Handflächen sollen deutlich machen, dass er dem Mitarbeiter gerne entgegenkommen würde, er aber durch Sachzwänge in seiner Handlungsfreiheit gefesselt ist, sinngemäß: »In Zeiten leerer Kassen sind mir die Hände gebunden.«

Der Mitarbeiter lässt sich nicht aus der Ruhe bringen. Er sieht seinen Chef auch nach dessen Einwand freundlich an. Sein gesamtes Verhalten ist betont zurückhaltend. Er weiß, dass Einwände zum Ritual in Gehaltsverhandlungen gehören. **Bleiben Sie** Statt sich in einer Konfrontation aufzureiben, hört der Mitar- **gelassen** beiter den Bedenken des Vorgesetzten einfach zu. Die argumentative Entkräftung der Einwände ist für ihn ein besserer Weg, als in Kampfstellung zu gehen. Er weiß, dass hochkochende Emotionen den Verhandlungserfolg gefährden, daher wählt er eine demonstrativ gelassene Körpersprache.

Erfolge werden bilanziert

Nach und nach entkräftet der Mitarbeiter auf dem Foto 7 die Einwände seines Vorgesetzten. Er stellt berufliche Erfolge heraus und quantifiziert seine Ergebnisse durch Umsatz- und Ergebnissprünge. Damit die Aufmerksamkeit des Vorgesetzten auch wirklich gefesselt wird, verwendet der Mitarbeiter Aufzählungsgesten und unterstreicht so die Relevanz seiner Argumente. Beim Reden hält er den Augenkontakt zum Chef und achtet auf zustimmende oder ablehnende Signale in dessen Mimik.

Aufzählungsgesten unterstützen die vorgebrachten Argumente

Der Vorgesetzte hat seinen Machtanspruch eingeschränkt, nur noch seine Hände liegen auf der Tischplatte auf. Das sachliche Vorgehen des Mitarbeiters veranlasst ihn, Raum für die Darstellung der eigenen Sichtweise zu geben. Aufmerksam hört der Vorgesetzte zu, körpersprachlich ist keine Ablehnung der vorgebrachten Argumente sichtbar. Statt einer angespannt-feindseligen herrscht eine gespannt-aufmerksame Gesprächsatmosphäre. So kann der Mitarbeiter seine

Wir sind uns handelseinig

Gesprächsziele verfolgen und findet für seinen Gehaltswunsch offene Ohren.

Der Mitarbeiter hat es geschafft, auf eine Einigung hinzuarbeiten. Sein Vorgesetzter hat auf dem Foto 8 den Widerstand aufgegeben und sich überzeugen lassen. Die Gesprächspartner verwenden eine symmetrische Körpersprache, was Übereinstimmung in der Sache demonstriert. Beide über dem Tisch gehaltenen Hände sind leicht geöffnet, beide Unterarme schweben über der Tischplatte. Auch die Oberkörper sind einander **Auch** zugewandt. Vorgesetzter und Mitarbeiter lächeln sich an. Obwohl Forderungen aufeinander geprallt sind, ist die gute persönliche Beziehung gewahrt und sogar noch verstärkt worden.

schwierige

Gespräche

lassen sich

konstruktiv Chef und Mitarbeiter haben sich darin bestätigt, dass sie auch schwierige Gesprächsthemen meistern können. Der Mitarbeiter hat es vermieden, einen Keil zwischen sich und den Vorgesetzten zu treiben. Er hat seinen Gehaltswunsch gut begründet vertreten und darauf geachtet, körpersprachliche

führen

Kampfansagen zu vermeiden. Das Verhältnis zueinander bleibt unbelastet und die Verbundenheit in der täglichen Arbeit wird eher noch steigen.

Das Prinzip Hoffnung

Ein nachdrücklicher Einsatz für die persönlichen Gehaltsvorstellungen ist unabdingbar. Die Hoffnung, durch vornehme Zurückhaltung Angebote auf dem silbernen Tablett serviert zu bekommen, trügt. In Bewerbungsgesprächen lesen Personalverantwortliche die Selbsteinschätzung des Bewerbers aus seinem Eintreten für die individuellen Gehaltswünsche heraus. Gefragt ist schließlich der initiativfreudige und leistungsbereite Problemlöser, der auch bei heiklen Themen eine Verständigung herbeiführen kann.

Gefragt: der leistungsbereite Problemlöser

Zeigt ein Bewerber keinen oder nur wenig Einsatz für seine Gehaltsvorstellungen, werden Fragen hinsichtlich der späteren Berufsausübung aufgeworfen: Wird der Bewerber Unternehmensinteressen genauso passiv vertreten? Gibt der Bewerber bei schwierigen Herausforderungen schnell auf? Lässt der Bewerber sich von Kunden, Zulieferern, Einkäufern oder Mitarbeitern leicht über den Tisch ziehen? Die Gehaltsverhandlung ist in Vorstellungsgesprächen deshalb immer auch ein Test. In dieser für den Bewerber schwierigen Situation muss er seine Kommunikationsfähigkeit, seine Flexibilität, sein Einfühlungsvermögen, seine Durchsetzungsstärke, seine Ergebnisorientierung und seine emotionale Stabilität unter Beweis stellen. Dabei spielt die Körpersprache eine wesentliche Rolle. Wer andere überzeugen will, kann sich nicht nur auf seine Wortäußerungen verlassen. Er muss auch körpersprachlich dokumentieren, dass er ein ernst zu nehmender Gesprächspartner ist. Die Gehaltsverhandlung lässt sich nicht vom Vorstellungsgespräch abkoppeln. Wer sich in dieser abschließenden Prüfung nicht

Zeigen Sie Initiative

bewährt und unsicher agiert, löscht den bisher aufgebauten guten Eindruck schnell wieder aus.

Lassen Sie sich auf den nun folgenden Fotos zeigen, wie eine zu zurückhaltende Bewerberin im Vorstellungsgespräch mit ihren Wünschen auf der Strecke bleibt. Das Fehlen von Gesprächsimpulsen und die Unsicherheit über den Wert der eigenen Arbeitsleistung manövrieren die Bewerberin ins Abseits. Der Versuch, die Verantwortung für ein angemessenes Gehalt dem Personalverantwortlichen zuzuschieben, misslingt. In der anschließend dargestellten positiven Variante des Gehaltsgespräches ergreift die Bewerberin die Initiative. Der aktiv angegangene Meinungsaustausch mit dem Personalchef bringt die Bewerberin zu einem für beide Seiten zufrieden stellenden Ergebnis.

Übernehmen Sie die Verantwortung für Ihre Wünsche

Unproduktive Zurückhaltung

Die Bewerberin, die Sie auf den folgenden vier Fotos erleben, versucht sich einer Gehaltsverhandlung zu entziehen. Sie weigert sich, für ihre Gehaltswünsche einzutreten und will dem Personalverantwortlichen die Verantwortung überlassen.

Die Gehaltsverhandlung kommt auf dem Foto 9 nicht richtig in Gang. Beide Gesprächspartner belauern einander. Bei der Bewerberin wird Unsicherheit deutlich, sie knetet mit der rechten Hand ihr Ohrläppchen. Dies ist eine klassische Verlegenheitsgeste. Sie weiß nicht, wie sie vorgehen soll, um ihre Gehaltswünsche plausibel »an den Mann zu bringen«. Der Personalverantwortliche wartet auf einen Impuls von der Bewerberin und legt nachdenklich Daumen und Zeigefinger seiner rechten Hand an das Kinn. Er macht sich Gedanken über mögliche Gründe für die Zurückhaltung der Bewerberin.

Nutzen Sie Gestaltungsspielraum

Das große Grübeln

Noch hat die Bewerberin Gelegenheit, Initiative zu zeigen und das Gespräch von sich aus zu gestalten. Sie nutzt diese Möglichkeit jedoch nicht. Im Gegenteil: Mit dem schief gelegten Kopf und dem unsicheren Blick von unten unterwirft sie sich ganz dem vermeintlichen Führungsanspruch des Personalverantwortlichen. Trotz der Unterwerfungssignale ballt die Bewerberin die linke Hand zur Faust. Damit wird ihre Zerrissenheit sichtbar. Sie ist sehr angespannt, weiß aber nicht, wie sie diese Anspannung in sinnvolle Aktion umsetzen soll.

Der Personalverantwortliche hat die Hilflosigkeit der Bewerberin erkannt und versucht auf dem Foto 10 das Geschehen in Gang zu bringen. Mit offenen Handflächen macht er der Bewerberin seine Gesprächsbereitschaft deutlich. Er bietet ihr ein ruhig und sachlich geführtes Gespräch über ihre Vorstellungen an. Um das Hierarchiegefälle abzumildern legt der Personalverantwortliche nun seinerseits den Kopf schief. Damit zeigt er sich verwundbar, um das Vertrauen der Bewerberin zu gewinnen.

Gehen Sie auf Entgegenkommen ein

Können diese Augen lügen?

Die Bewerberin ist auf der Sitzfläche des Stuhles nach vorne gerutscht. Ihre rechte Hand ist inzwischen unter der Tischplatte
verschwunden, und es sieht so aus, als würde sie am liebsten ganz
unter dem Tisch versinken. Die rechte Schulter der Bewerberin
hängt, ebenso wie der Arm, herunter. Dafür ist nun die linke,
zum Personalverantwortlichen weisende Schulter hochgezogen.
So wird das Angebot des Personalverantwortlichen abgeblockt.

Dass sie jetzt eigentlich aktiv werden müsste, hat die Bewerberin erkannt. Die Bereitschaft dazu ist bei ihr aber immer
noch nicht vorhanden. Statt etwas zur Sache beizutragen, igelt
Beziehen sich die Bewerberin lieber ein. Der eben noch offen liegende
Sie eine klare Hals wird geschützt, indem die Schulter hochgezogen und der
Position Unterarm angewinkelt wird. Mit dem Griff zur Nase ver-
schließt die Bewerberin gleichzeitig ihren Mund. Für den Personalverantwortlichen wird deutlich, dass die Bewerberin keine
eindeutige Position beziehen will und dass ein konstruktiver
Dialog nicht in ihrem Sinne ist.

Der Rückzug wird angetreten

Nun ergreift der Personalverantwortliche die Initiative. Er hat auf dem Foto 11 das Warten auf Beiträge der Bewerberin aufgegeben. Mit der rechten Hand unterstützt er die Aufzählung der Möglichkeiten, die er für die Bewerberin sieht. Sie ist noch weiter unter den Tisch gerutscht. Eigentlich müsste sie sich aufmerksam hinsetzen und die Vorschläge des Personalverantwortlichen abwägen. Stattdessen blockt sie alles mit vor der Brust verschränkten Armen ab. Die Angebote des Personalverantwortlichen scheinen ihr nicht zu schmecken, sie hatte wohl mit mehr Gehalt gerechnet.

Auf dem Foto 12 ist der Bewerberin die Enttäuschung ins Gesicht geschrieben. Schmollend wendet sie ihren Kopf vom Personalverantwortlichen ab. Ihre Taktik, ohne Einsatz ein gutes Angebot präsentiert zu bekommen, ist nicht aufgegangen. Ungeduldig mit dem linken Zeigefinger auf die Tischplatte klopfend, verlangt der Personalverantwortliche jetzt eine Entscheidung. Die Bewerberin hat jedoch abgeschaltet. Mit halb

Signalisieren Sie auch mit dem Körper Aufmerksamkeit

Dann schmoll ich eben!

geöffneten Augen blickt sie in die Ferne. Ihre passive Art hat ihr auch in dieser Gehaltsverhandlung ihr Selbstbild bestätigt, nur Spielball fremder Interessen zu sein.

Das Gehaltsgespräch hinterlässt zwei enttäuschte und genervte Beteiligte. Dabei war der Personalverantwortliche durchaus kompromissbereit. Leider hat die Bewerberin sich die Chance entgehen lassen, eigene Vorstellungen zu äußern und ihre Wünsche durchzusetzen. Mit mehr Engagement der Bewerberin hätte sich ein für beide Seiten befriedigendes Ergebnis erzielen lassen.

Durch Engagement können Sie nur gewinnen

Selbstbewusst argumentieren

Statt sich zögerlich zu geben und darauf zu vertrauen, dass der Personalverantwortliche schon alles allein regeln wird, nimmt die Bewerberin in diesem Beispiel die Sache selbst in die Hand.

Ein einnehmendes Wesen

Sie vertritt offensiv, aber freundlich ihre Gehaltswünsche. Ihre Körpersprache verdeutlicht, dass sie um ihre Fähigkeiten weiß. Mit ihrem selbstbewussten Auftritt überzeugt sie den Personalverantwortlichen.

Die Bewerberin gibt sich auf dem Foto 13 betont offen und verhandlungsbereit. Das eigentliche Bewerbungsgespräch ist von beiden Seiten als positiv und zufrieden stellend empfunden worden. Nun geht es um den Abgleich der Gehaltsvorstellungen. Die Bewerberin hebt die Einigung im Qualifikationsprofil hervor, dazu hält sie ihre Handflächen nach oben und winkelt die Unterarme an. Sie bildet keine körpersprachlichen Barrieren. Im Gegenteil, sie dokumentiert ihr Vertrauen dem Personalverantwortlichen gegenüber, indem sie die Hände seitlich neben dem Oberkörper hält. Diese Gestik unterstreicht die im Raum stehende Aussage: »Wir sind uns doch schon grundsätzlich einig geworden!« Die Bewerberin vermittelt dem Personalverantwortlichen so, dass sie ihn als kompetenten Ge-

Zeigen Sie sich verhandlungsbereit

Freundliche Einwandbehandlung

sprächspartner schätzt. Er soll wissen, dass sie keine Bedenken hat, mit ihm auch in der Gehaltsfrage einen für alle zufrieden stellenden Kompromiss zu finden.

Mit einem fragenden Blick äußert die Bewerberin ihre Gehaltsvorstellung und fordert den Personalverantwortlichen **Äußern Sie** auf, ihre Vorstellungen mit seinen Möglichkeiten abzuglei-**Ihre Gehalts-** chen. Der Personalverantwortliche verhält sich neutral und ab-**vorstellungen** wartend. Mit den auf dem Tisch abgelegten Unterarmen macht **entgegen-** er deutlich, dass er den entscheidenden Einfluss in dieser Situa-**kommend** tion hat und sich die Bewerberin in seinem Revier befindet.

Auf dem Foto 14 taut der Personalverantwortliche auf. Er reagiert auf den Gesprächsimpuls der Bewerberin und äußert seine Vorstellungen. Die Bewerberin bekommt Raum für ihre Ausführungen. Der Personalchef hat ihr – körpersprachlich sichtbar – Platz in seinem Revier eingeräumt: Nur noch seine linke Hand liegt auf dem Tisch auf, beide Unterarme sind von der Tischplatte weggezogen worden. Die auf die Bewerberin gerichteten Fingerspitzen der rechten Hand lassen vermuten, dass der Personalchef die Bewerberin mit Gegenargumenten und Einwänden konfrontiert. Nach wie vor muss sie Überzeugungsarbeit leisten, denn das Ergebnis steht zu diesem Zeitpunkt noch nicht fest.

Die Bewerberin freut sich über die Gesprächsbereitschaft des Personalverantwortlichen. Sie nimmt ihm nicht übel, dass er Einwände bringt. Statt zu schmollen, zeigt sie ein freundliches Lächeln. Sie ist vorbereitet und weiß, dass Einwände dazugehören. Bei ihren Antworten sieht die Bewerberin den Personalverantwortlichen direkt an. Sie weicht nicht aus, sondern entkräftet Schritt für Schritt die vorgebrachten Bedenken ihres Gegenübers. **Freundliche Reaktionen auf Einwände führen zum Ziel**

Mit der rechten Hand weist die Bewerberin auf eine imaginäre Erfolgsbilanz in ihrer linken Hand. Eine gründliche Vorbereitung hat ihr Sicherheit gegeben. Sie weiß, dass sie sich im Gehaltspoker aktiv mit dem Personalverantwortlichen auseinander setzen muss. Um ihre Gesprächsbereitschaft sichtbar zu machen, operiert sie weiterhin mit offenen Handflächen.

Der Personalverantwortliche wägt auf dem Foto 15 die Argumente der Bewerberin ab. Er bewegt den Kopf leicht von einer Seite zur anderen und dreht die Hände hin und her. Mit seinem Abwägen dokumentiert der Personalverantwortliche, dass er die Begründungen der Bewerberin grundsätzlich anerkennt. Für ihn stellt sich jetzt nur noch die Frage des konkreten Angebotes. Momentan ist die Wahrnehmung des Personalverantwortlichen sehr nach innen gerichtet. Seine geschlossenen Augen sind ein Signal dafür, dass er konzentriert über eine für beide Seiten akzeptable Gehaltslösung nachdenkt. **Lassen Sie Raum für Abwägungen**

Die Bewerberin erkennt an der Körpersprache des Personalverantwortlichen, dass die Verhandlung in ihrem Sinne läuft. Sie hält sich bewusst zurück und vertraut auf die Wirkung ihrer Argumente. Wegen der nach innen gerichteten Aufmerksamkeit des Personalchefs wäre ein weiteres Agieren kontraproduk-

Soll ich, oder soll ich nicht?

tiv. Der Personalverantwortliche würde weitere Äußerungen –
ob verbal oder körpersprachlicher Art – nur am Rande wahrnehmen und sich in seinen Überlegungen gestört fühlen. Des-
Zurückhal- halb hat sich die Bewerberin zurückgelehnt. Sie verabschiedet
tung im rich- sich aber nicht aus dem Gehaltsgespräch. Mit einem freundli-
tigen Moment chen Gesichtsausdruck hält sie den Blickkontakt zum Personalverantwortlichen. So könnte sie schnell eingreifen, falls sich
wider Erwarten die Miene ihres Gegenübers verdüstern sollte.
In diesem Fall würde sie noch abschließende Argumentations-
hilfe leisten müssen.

Das Engagement in eigener Sache hat sich gelohnt. Die gute
Vorarbeit und das souveräne Auftreten der Bewerberin haben
zum Erfolg im Gehaltsgespräch geführt. Personalverantwortlicher und Bewerberin sind sich einig geworden (Foto 16). Mit
dem festen Händedruck wird die Entscheidung besiegelt. Dabei fällt auf, dass die Bewerberin die Hand des Personalverantwortlichen zu sich heranzieht. Die durch den Händedruck

Ein krönender Gesprächsabschluss

symbolisierte Einigung findet mehr in ihrer Sphäre als in der des Personalverantwortlichen statt. Dies ist ein Zeichen dafür, dass die Gehaltsvereinbarung mehr im Sinne der Bewerberin ist, als es der Personalverantwortliche geplant hatte.

Der durchsetzungsstarke, aber konsensorientierte Eindruck, den die Bewerberin hinterlassen hat, bestärkt den Personalverantwortlichen darin, die richtige Mitarbeiterin für die zu besetzende Position gefunden zu haben. Seine Bereitschaft, auf die Vorstellungen der Bewerberin einzugehen, war vorhanden. Mit einer schwachen Verhandlungsführung, wie im vorherigen Beispiel, hätte sich die Bewerberin sein Entgegenkommen verspielen können. Die richtige Mischung aus argumentativem Input, selbstbewusstem Auftreten und taktischer Zurückhaltung hat sich für die Bewerberin ausgezahlt: Sie hat ihre Ziele erreicht und kann der nächsten Gehaltsverhandlung freudig entgegenblicken.

Positiv: ein durchsetzungsstarkes, aber konsensorientiertes Auftreten

Nur nicht nervös werden! –
Wie Sie mit Körpersprache überzeugen

Im Blick

- Nicht nur das, was Sie sagen, ist wichtig, sondern auch das Wie. Setzen Sie sich deshalb vor Gehaltsverhandlungen mit Ihrer Körpersprache auseinander.

- Es gibt in jedem Gespräch eine Sach- und eine Beziehungsebene. Körpersprachliche Signale beeinflussen die Beziehungsebene sehr stark. Informationen lassen sich nicht wertfrei vermitteln. Der persönliche »Draht zueinander« lässt sich nicht ausblenden.

- Ist die Beziehungsebene beeinträchtigt, wird eine Verständigung auf der Sachebene nahezu unmöglich.

- Zur Körpersprache gehören die Haltung eines Menschen, seine Mimik, seine Gestik, die räumliche Distanz zum Gesprächspartner, die Sprechgeschwindigkeit und der Tonfall.

- Der gezielte Einsatz der Körpersprache ist wichtig. Körpersprachliche Aussagen können sowohl als Sympathie-Killer wie auch als Sympathie-Verstärker wirken.

- Gehaltsgespräche setzen Mitarbeiter und Bewerber unter Druck. Je nach Persönlichkeit lässt ein Teil dann seinen Emotionen freien Lauf, der andere Teil verweigert aktives Handeln und zieht sich zurück.

- Mitarbeiter und Bewerber, die mit dem Kopf durch die Wand wollen, schaffen eine Kampfatmosphäre. Ihre körpersprachlichen Signale vermitteln Angriffsabsichten, dadurch wird eine unproduktive Konfrontation aufgebaut.

- Üben sich Mitarbeiter und Bewerber in Zurückhaltung, um die Verantwortung für das Gesprächsergebnis auf die Unternehmensseite abzuwälzen, können sie nicht damit rechnen, mit ihren Wünschen ernst genommen zu werden.

- In Gehaltsgesprächen müssen sich Mitarbeiter und Bewerber in eigener Sache engagieren. Die Körpersprache muss die vorgebrachten Argumente unterstützen. Ein sicherer Auftritt und die Glaubwürdigkeit des Gehaltswunsches hängen stark von der eingesetzten Körpersprache ab.

11

Bleiben Sie am Ball – Strategien für weitere Gehaltsverhandlungen

Mit dem Gehaltsgespräch liegt ein anstrengendes Stück Arbeit hinter Ihnen. Auch wenn es im Kern um Ihre Gehaltserhöhung ging, haben Sie darüber hinaus wichtige Informationen über Ihre Gesprächspartner bekommen. Integrieren Sie die Wünsche von Fachvorgesetzten und Personalverantwortlichen in Ihre Karrierestrategie.

Vertiefen Sie den guten Eindruck Ihre berufliche Entwicklung ist kein einmaliges Ereignis, das mit dem Beurteilungsgespräch oder Vorstellungsgespräch endet. Nutzen Sie die Erkenntnisse, die Sie aus Ihren Gehaltsverhandlungen gewonnen haben, um weiterhin am Ball zu bleiben. Die Vorlieben von Fachvorgesetzten bleiben auch nach Gehaltsgesprächen gültig. Der gute Eindruck, den Sie beim Personalverantwortlichen hinterlassen haben, lässt sich vertiefen und für die weitere Karriereentwicklung nutzen.

Ein Sprungbrett für die weitere Karriere

Ein erfolgreiches Gehaltsgespräch liegt hinter Ihnen. Sie haben sich mit Ihren Gehaltswünschen im Beurteilungsgespräch oder im Vorstellungsgespräch durchgesetzt. Lehnen Sie sich zunächst entspannt zurück, um Ihren Erfolg zu genießen.

Treffen Sie dann aber Vorbereitungen dafür, dass Ihre Erfolgsstory weitergeht. In den Gehaltsverhandlungen haben Sie viel darüber erfahren, worauf Ihr Vorgesetzter oder Personalverantwortlicher besonderen Wert legt. Lässt er sich mit Zahlen beeindrucken? Sind für ihn Überstunden ein Ausdruck besonderen Engagements? Schätzt er visionäre Strategien? Oder können Sie bei ihm als Problemlöser punkten?

Nicht nur für kommende Gehaltsverhandlungen sollten Sie festhalten, was den Entscheidungsträgern in Ihrem Unternehmen wichtig ist. Auch für Ihre tägliche Arbeit ergeben sich Möglichkeiten, sich gezielt in Szene zu setzen. **Ziehen Sie eine Bilanz des Gesprächs**

Ist Ihr Vorgesetzter besonders empfänglich für Qualitätsverbesserungen, sollten Sie in naher Zukunft anregen, eine Arbeitsgruppe zur Qualitätssicherung ins Leben zu rufen. Sind Direktmarketingaktivitäten für Ihre Chefin das Thema Nummer eins, können Sie eine Weiterbildung in diesem Bereich in Angriff nehmen. Hat Ihr Vorgesetzter thematisiert, dass auch zukünftig die Ausarbeitung von Leitfäden für den Vertrieb ein unverzichtbarer Bestandteil für den Markterfolg des Unternehmens ist, sollten Sie in diesem Aufgabenbereich weiter aktiv bleiben.

Ihre Karriere im Unternehmen wird maßgeblich vom Fachvorgesetzten beeinflusst. Kennen Sie seine Vorlieben, können Sie nicht nur Bonuspunkte für den nächsten Gehaltssprung sammeln. Es wird Ihnen auch leichter fallen, die Konditionen für Ihre tägliche Arbeit zu verbessern. Verhandlungen über zusätzliche finanzielle Mittel oder mehr Personal können von Ihnen besser in Ihrem Sinne gestaltet werden, wenn Sie wissen, wie Sie Ihren Vorgesetzten überzeugen können. **Sammeln Sie Bonuspunkte für den nächsten Gehaltssprung**

Ihr Aufstieg im Unternehmen gelingt leichter, wenn Sie von mehreren Kräften unterstützt werden. Personalverantwortliche haben besonders dann ein offenes Ohr für Ihre Anliegen, wenn es sich um Karrierepläne und die damit verbundenen Weiterbildungsmaßnahmen handelt. Für Aufstiegsfragen abseits des Gehaltes ist die Personalabteilung ein geeigneter Ansprechpartner. Je besser Sie sich bei Kontakten mit der Personalabteilung präsentieren, desto eher wird man Ihnen auch eine überdurchschnittliche Karriereentwicklung zutrauen.

Sammeln Sie schon jetzt Begründungen für einen weiteren Karrieresprung. Auch für zukünftige Karriere- und/oder Gehaltsgespräche brauchen Sie wieder eine Erfolgsbilanz. Halten

Pflegen Sie Ihre Erfolgsbilanz

Sie diese auf dem laufenden Stand, dann bekommen Sie Gewissheit über Ihre eigene Leistungsfähigkeit. Erstellen Sie Wochen- oder Monatsprotokolle darüber, was Ihnen besonders gut gelungen ist und bei welchen Projekten Sie Außerordentliches geleistet haben.

Erst wenn Sie sich über Ihre eigenen Leistungen im Klaren sind, können Sie auch andere für sich einnehmen. Mit einer fortgeschriebenen Erfolgsbilanz werden Sie Ihr Selbstmarketing verbessern. Die Gelegenheit zu einem überzeugenden Auftritt ergibt sich nicht nur bei Vorstellungs- oder Beurteilungsgesprächen, sondern auch auf Messen, Kongressen, Tagungen, bei Weiterbildungsveranstaltungen und bei Kontakten zu anderen Unternehmen. Betreiben Sie aktives Career-Networking auf der Basis Ihrer Erfolgsbilanz.

Steter Tropfen höhlt den Stein

Es kann vorkommen, dass Sie sich nicht sofort mit Ihren Gehaltsvorstellungen durchsetzen. Dies ist natürlich kein Grund, Ihre Aktivitäten einzustellen. Wechseln Sie stattdessen von einer kurzfristigen Strategie auf eine mittelfristige.

Werden Sie am momentanen Arbeitsplatz vertröstet, dass eine Gehaltserhöhung beim besten Willen derzeit nicht mög-

Analysieren Sie Ihre Ausgangsposition

lich ist, sollten Sie zunächst die Lage analysieren: Lohnt es sich, das eigene Profil am jetzigen Arbeitsplatz weiter auszubauen? Oder sollten Bewerbungsaktivitäten aufgenommen werden? Auch wenn die Enttäuschung nach einer Ablehnung groß sein wird, sollten Sie sich nicht dazu hinreißen lassen, sich in die Schmollecke zurückzuziehen und nur noch Dienst nach Vorschrift zu machen.

Wenn Sie etwas erreichen wollen, müssen Sie Ihren Blick nach vorne richten. Hat man Sie damit vertröstet, dass es zwar die Bereitschaft zu einer Gehaltserhöhung gibt, dies aber momentan aus wirtschaftlichen Gründen nicht möglich ist, sollten Sie unbedingt den nächsten Gesprächstermin vereinbaren. Dieser sollte nicht erst in ferner Zukunft liegen. Innerhalb von sechs Monaten sollte das Unternehmen bereit sein, seine Verhandlungen mit Ihnen ernsthaft fortzuführen.

Haben Sie feststellen müssen, dass in Ihrer jetzigen Position keine besonderen Gehaltssprünge mehr möglich sind, sollten Sie das Gespräch mit der Personalabteilung suchen und sich nach weiteren Entwicklungsmöglichkeiten erkundigen.

Letztendlich kann es Ihnen auch passieren, dass Sie das Unternehmen wechseln müssen, weil keine weitere Gehaltssteigerung zu erzielen ist. Wir haben Sie bereits darauf hingewiesen, dass Sie die notwendigen Wechselaktivitäten dann in aller Stille in Angriff nehmen sollten. Behindern Sie Ihre momentane Arbeit nicht durch das Lancieren von Kündigungsgerüchten oder den Aufbau unversöhnlicher Fronten. Nutzen Sie Ihr bestehendes Arbeitsverhältnis als Basis für Ihre berufliche Weiterentwicklung. Verfolgen Sie Ihre Ziele mit Ausdauer: Gegebenenfalls kann Ihnen auch der Wechsel zu einem neuen Arbeitgeber die gesuchten Entwicklungsmöglichkeiten verschaffen. Verzichten Sie auf einen unnötig langen Blick zurück im Zorn, seien Sie offen für Neues und ergreifen Sie Ihre Chancen.

Verfolgen Sie Ihre Ziele mit Ausdauer

Auf einen Blick

Bleiben Sie am Ball – Strategien für weitere Gehaltsverhandlungen

Im Blick

- Sehen Sie den Abschluss Ihrer Gehaltsverhandlung als Startschuss für Ihre weitere Karriereentwicklung.

- Werten Sie Ihr Gehaltsgespräch aus: Welche Vorlieben Ihres Gesprächspartners sind deutlich geworden? Wodurch lässt er sich beeindrucken? Welche Themen liegen ihm am Herzen?

- In zukünftigen Gehaltsverhandlungen können Sie auf Ihr Vorwissen zurückgreifen. Im Berufsalltag werden Sie es leichter haben, Ihre Vorstellungen durchzusetzen.

- Schreiben Sie Ihre Erfolgsbilanz kontinuierlich fort. Erstellen Sie Wochen- oder Monatsprotokolle Ihrer laufenden Tätigkeiten. Halten Sie besondere Erfolge fest.

- Verinnerlichen Sie Ihre Erfolgsbilanz: Außer in Gehalts- und Vorstellungsgesprächen ist Ihr Selbstmarketing auch auf Messen, Kongressen, Tagungen und bei Kontakten zu anderen Unternehmen gefragt.

- Können Sie Ihre Gehaltsforderungen nicht kurzfristig durchsetzen, sollten Sie zu einer mittelfristigen Strategie wechseln.

- Analysieren Sie, ob sich weitere Anstrengungen an Ihrem Arbeitsplatz lohnen, oder ob Sie nicht besser Bewerbungsaktivitäten aufnehmen sollten.

12

Fit für die Gehaltsverhandlung

Das Gehaltsgespräch ist ein besonderes Gespräch: Sie sollten es nicht auf die leichte Schulter nehmen und sich durch mangelnde Vorbereitung und unbedachte Äußerungen um die Chance einer Gehaltserhöhung bringen.

Wir haben Ihnen in diesem Ratgeber erläutert, wie Sie sich optimal vorbereiten können. Sie wissen nun, dass Sie Vorgesetzte und Personalverantwortliche nur dann für Ihre Vorstellungen einnehmen werden, wenn Sie Ihre Leistungen in komprimierter Form vermitteln können. Ihre Erfolgsbilanz spielt eine herausragende Rolle in Gehaltsverhandlungen: Erst mit der Aufstellung Ihrer beruflichen Erfolge erhalten Gehaltsgespräche einen sachlichen Kern. In diesen sicheren Hafen sollten Sie immer wieder zurückkehren, insbesondere dann, wenn die Gegenseite versucht, Sie mit aggressiven Argumenten und einschüchternden Phrasen aus dem Konzept zu bringen.

Geben Sie Ihren Gehaltswünschen einen sachlichen Rahmen

Bei Gehaltsverhandlungen geht es heutzutage nicht mehr nur um eine abstrakte Zahl, die je nach Position in der Firmenhierarchie oder nach Dauer der Firmenzugehörigkeit steigt. Selbst für ausgefuchste Personalprofis wird es immer schwerer, Gehälter zu vergleichen. Dies liegt nicht zuletzt daran, dass die Entlohnungssysteme flexibler geworden sind. Neben dem reinen Gehalt fließen oft weitere Vorteile wie Prämien, Provisionen, Weiterbildungsmöglichkeiten, Firmenwagen, flexible Arbeitszeiten und vieles mehr in das Gesamtpaket ein.

Mithilfe unseres Ratgebers ist Ihnen Ihre finanzielle Ausgangsposition klarer geworden. Sie wissen, was Sie fordern

Fesselnden Argumenten kann sich kein Vorgesetzter entziehen

müssen, um einen effektiven Gehaltssprung zu realisieren. Wir haben Sie auf die Hard Facts – Geld, Weiterbildung, Provisionen und so weiter – hingewiesen, Ihnen aber auch ans Herz gelegt, Soft Facts zu berücksichtigen: Eine beeindruckende Gehaltssumme verschafft Ihnen weder ein gutes Arbeitsklima noch angemessene Unterstützung bei Ihrer Arbeit. Arbeiten Sie darauf hin, beides zu verwirklichen. Ihr Ziel sollte ein angemessenes Gehalt bei guten Arbeitsbedingungen sein.

Führen Sie Ihre Gehaltsverhandlung souverän

Wir haben Sie auch auf die taktischen Ablenkungsmanöver von Personalverantwortlichen und Vorgesetzten vorbereitet. Sie wissen, mit welchen Argumenten und Phrasen Sie rechnen müssen, und verfügen jetzt über Mittel, die unfairen Verhandlungstaktiken abzuwehren. Unsere Beispiele und Übungen haben Sie auf den Ernstfall eingestimmt. Sie sind in der Lage, immer wieder auf Ihr berufliches Profil zurückzugreifen und so das Gehaltsgespräch in der Sache voranzutreiben. Die von uns erläuterten Gesprächstechniken werden Sie in der Auseinandersetzung mit Unternehmensvertretern sicherer machen. Inszenieren Sie Ihre Gehaltsverhandlung souverän. Ihr Auftreten, Ihre Argumentationen und die Art und Weise, wie Sie Ihre Ziele verfolgen, wird von Personalverantwortlichen und Vorgesetzten aufmerksam registriert werden.

Gehaltsgespräche am derzeitigen Arbeitsplatz und Gehaltsverhandlungen in Vorstellungsgesprächen haben viele Gemeinsamkeiten, aber auch Eigenarten, auf die Sie achten müssen. Wir haben Sie darauf hingewiesen, was Sie tun können, um den Besonderheiten gerecht zu werden. Unsere Schemata und Beispieldialoge für die beiden unterschiedlichen Arten von Gehaltsgesprächen haben Ihnen gezeigt, wie sich unsere Tipps zur Vorbereitung umsetzen lassen. **Die geeigneten Argumente am richtigen Ort**

Um Ihre Körpersprache sollten Sie sich nicht erst dann Gedanken machen, wenn sie Ihnen im Gehaltsgespräch zum Hindernis wird. Körpersignale können Ihre Ausführungen unterstützen, sie können aber auch Ihre Argumente entwerten. Deshalb haben wir Ihnen mithilfe von Fotos vermittelt, in welche Fallen Sie mit Ihrer Körpersprache tappen und wie Sie es besser machen können. **Argumentation auf einer zweiten Ebene**

Nachdem Sie Ihre Gehaltsziele durchgesetzt haben, sollten Sie am Ball bleiben. Genießen Sie den Erfolg, aber nutzen Sie auch Ihre Erkenntnisse aus der Gehaltsverhandlung, um Ihre berufliche und finanzielle Entwicklung weiter voranzutreiben.

Vertreten Sie Ihre Interessen. Sorgen Sie für das Gehalt, das Ihnen zusteht. Bleiben Sie konsequent in der Sache und fair im Umgang mit Ihren Gesprächspartnern. Für Ihre Gehaltsverhandlung viel Erfolg wünschen Ihnen

Christian Püttjer und *Uwe Schnierda*

Register

Wir sind für Sie da

Püttjer & Schnierda Beratung und Seminare

Wir machen Sie fit für den Karrieresprung!

Beratungs- und Seminarangebote finden Sie im Internet unter
www.karriereakademie.de (für Privatkunden)
www.erfolgscoaches.de (für Unternehmen)

Püttjer & Schnierda
Poststraße 12
24239 Achterwehr am Westensee

Telefon: (0 43 40) 40 01 15
Fax: (0 43 40) 40 01 19
E-Mail: info@karriereakademie.de (für Privatkunden)
E-Mail: info@erfolgscoaches.de (für Unternehmen)

Profi-Tipps für den Karriere-Kick
Um- und Aufsteiger

Ob Ein-, Auf- oder Umsteiger: Im Mittelpunkt der Ratgeber von Püttjer & Schnierda steht stets die Umsetzbarkeit durch den Ratsuchenden. Praxisorientierung und Berufsbezogenheit werden ganz groß geschrieben. Die Autoren vermitteln kein Allerweltsschema, das auf jeden Leser passt. Stattdessen kann jeder Bewerber mithilfe dieser Ratgeber seine individuelle Strategie entwickeln. Qualität, Originalität, eine frische Sprache und klare, eindeutige Tipps – das sind die Markenzeichen dieser Bewerbungs- und Karriereratgeber.

Im Campus Verlag sind bisher vom Erfolgsduo
Püttjer & Schnierda erschienen:

● **Überzeugen mit Anschreiben und Lebenslauf** Die optimale Bewerbungsmappe für Um- und Aufsteiger

● **Souverän im Vorstellungsgespräch** Die optimale Vorbereitung für Um- und Aufsteiger

● **Die gelungene Online-Bewerbung** Vom ersten Kontakt zum Vorstellungsgespräch

● **Die erfolgreiche Initiativbewerbung** Der Praxisratgeber für Auf- und Umsteiger

● **Wiedereinstieg für Frauen** Optimale Bewerbungsstrategien nach der Familienpause

● **Optimal präsentieren** So überzeugen Sie mit Körpersprache

● **Erfolgsfaktor Körpersprache** Sicher auftreten im Beruf

● **Die erfolgreiche Gehaltsverhandlung** Strategien für mehr Geld

Jedes Buch bietet Ihnen:

- zahlreiche Übungen, um eine persönliche und passgenaue Strategie zu entwickeln
- viele Beispiele, die verdeutlichen, worauf es ankommt

- Insidertipps von Bewerbungsprofis
- bedarfsorientierte Zielgruppenansprache für Hochschulabsolventen, Auf- und Umsteiger sowie Führungskräfte

»Lohnende Lektüre: viele gute Checklisten,
Beispiele und Übungen«
Manager Magazin

»Verbessertes Marketing in eigener Sache«
Frankfurter Allgemeine Zeitung

»Christian Püttjer und Uwe Schnierda
erklären die Spielregeln des Bewerbungsverfahrens«
Die Welt

»Karriereschwung durch dreifache Kompetenz«
VDI-Newsletter

Gern schicken wir Ihnen unsere aktuellen Prospekte:
Campus Verlag · Kurfürstenstraße 49 · 60486 Frankfurt/Main

Telefon: (069) 97 65 16 - 0
Telefax: (069) 97 65 16 - 78
E-Mail: info@campus.de
Internet: www.campus.de

campus
Frankfurt / New York